RAINALD SIMON

Der chinesische Gulag

Lager, Gefängnisse, staatliche Repression
und politische Opposition

Rowohlt

rororo aktuell
Herausgegeben von Frank Strickstrock

Originalausgabe
Veröffentlicht im Rowohlt Taschenbuch Verlag GmbH,
Reinbek bei Hamburg, November 1996
Copyright © 1996 by Rowohlt Taschenbuch Verlag GmbH,
Reinbek bei Hamburg
Alle Rechte vorbehalten
Umschlaggestaltung Susanne Heeder/Philipp Starke
(Foto: dpa)
Satz aus der Sabon (Linotronic 500)
Gesamtherstellung Clausen & Bosse, Leck
Printed in Germany
1490-ISBN 3 499 13799 2

Inhalt

Einleitung

Etwa 20 Jahre vor dem «eisernen Vorhang» durch Mitteleuropa hatte sich der «Bambusvorhang» gehoben, der seit der Machtübernahme der Roten Armee Mao Zedongs die stalinistische Unterdrückung in ihrer fernöstlichen Variante verhüllt hatte. Nicht, daß es keine Informationen über die Lager und die Unterdrückung des Geistes gegeben hätte, es war eher eine Verhüllung des öffentlichen Bewußtseins, das örtlich, fernöstlich, betäubt zu sein schien. Auch die Generation der 68er hat trotz ihrer weitreichenden Kritik des Staatssozialismus Osteuropas nicht gesehen, was im China der Kulturrevolution vor sich ging. Statt dessen hatte naiv romantizistischer Utopismus China als sein Traumland erkoren, das aus einer sagenhaften historischen und geographischen Ferne wie eine der chinesischen Paradiesinseln aus dem Ostmeer aufgestiegen war.

China ist näher gerückt, es ist spätestens seit 1978 eine Gasse im Weltdorf, der Vorhang ist gefallen. «Kontakterfahrungen» nehmen täglich zu, und immer sind die elektronischen Medien dabei. Gerade die Öffnung zum Westen rief paradoxerweise westliche Kritik (verstärkt seit dem Tian'an'men-Massaker 1989) hervor, gerade weil (vor allem die wirtschaftlichen) Beziehungen eng und enger werden. Das muß dem empfindlichen Selbstgefühl einer werdenden Großmacht wie die «kalte Schulter» vorkommen; von daher sind die harschen Reaktionen auf westliche Kritik zu erklären. Man muß nicht den *Clash of Civilisations* (Samuel Huntington) bemühen, der angeblich den Kalten Krieg bereits abgelöst habe, denn die westliche Kritik am unmenschlichen Umgang mit Andersdenkenden und an den versteinerten Strukturen einer spätstalinistischen Gerontokratie richtet sich nicht gegen irgendwelche spezifisch chinesischen Werte oder zivilisatorische Eigenheiten, sondern die vollkommen folgerichtigen Auswüchse des sinisierten Marxismus-Leninismus, der ein Import aus der westlichen Zivilisation ist.

China wird im 21. Jahrhundert eine Weltmacht sein. Bereits heute vermag es aufgrund der immer enger werdenden ökonomischen Interessenverflechtungen, bis in die deutsche Innenpolitik hineinzuwirken. In der deutschen Chinapolitik scheinen sich die Grenzen von Außen-, Wirtschafts- und Innenpolitik aufzulösen. Dies ist, neben der Identifikation mit den Opfern von Unterdrückung, ein weiterer Grund, sich auch mit den Schattenseiten der chinesischen Welt zu beschäftigen.

Fünf Millionen Menschen, so wird geschätzt [1], bevölkerten im Jahre 1992 das Lager- und Gefängnissystem Chinas. 20000 bis 50000 von ihnen sind Oppositionelle und Dissidenten [2], von der Regierung als «konterrevolutionäre Verbrecher» geschmäht. Es gibt Schätzungen, nach denen seit der Gründung der Volksrepublik China etwa 50 Millionen Menschen in das Strafsystem einbezogen waren. [3] Andere [4], gestützt auf offizielle statistische Angaben des chinesischen Justizministeriums, sprechen von «nur» zehn Millionen, die das Lagersystem durchlaufen haben. Vor Mao Zedongs Tod 1976 war von 20 Millionen Gefangenen im Lagersystem der VRCh die Rede. Jean-Luc Domenach führt aus, viele Zahlenangaben seien ungenau oder übertrieben, und gibt die Zahl der Gefangenen zwischen 1985 und 1986 mit drei bis fünf Millionen an. [5]

Als in den späten 70er Jahren nach dem Tod Mao Zedongs die Exzesse der sogenannten Großen Proletarischen Kulturrevolution (1966–1976) aufgedeckt wurden, schien ein zehn Jahre währendes Schweigen der internationalen Gemeinschaft durchbrochen worden zu sein, das die von Deng Xiaoping mit einer Million angegebene Zahl der Todesopfer, die 1,13 Millionen Verurteilten und die 100 Millionen politisch Verfolgten aus unserem Alltagsbewußtsein ausgegrenzt hatte. [6] China schien sich bis dahin einer speziellen Immunität zu erfreuen, die von politischen Kräften von ganz links bis zum äußersten rechten Rand

gefördert wurde. Jean-Luc Domenachs für die gegenwartsbezo-
gene Chinaforschung bis in die späten 70er Jahre vernichtende
Kritik, daß «die meisten Studien über die VR China die Unterdrückung und das Haftsystem [aussparten]»[7], ist leider zutreffend. Dies lag nicht an einem Mangel an Informationen über die
unmenschlichen Verhältnisse in China. Korrespondenten berichteten von Greueln, aber die meinungsbildende Neue Linke
(oder zumindest große Teile dieser Gruppe) wehrte diese Nach-
richten als «antikommunistisch» ab, weil sie sich in der Ära des
Kalten Krieges gegen die Denkanweisungen des historischen An-
tikommunismus tatsächlich zur Wehr setzen mußte, um Auto-
nomie erreichen zu können. Die Analysen der sozialistischen
Systeme aus westlicher Regierungssicht waren, nachträglich betrachtet, zutreffend. Harry S. Trumans Beschreibung der «sozialistischen» und damit auch der chinesischen Verhältnisse ist bemerkenswert präzise:

> «Die eine Art zu leben gründet sich auf den Willen der Mehrheit
> und zeichnet sich durch freie Institutionen, repräsentative Regie-
> rungen, freie Wahlen, Garantien der persönlichen Freiheit, Frei-
> heit der Rede und der Religion und Freiheit von politischer Un-
> terdrückung aus. Die zweite Lebensart hat als Grundlagen den
> Willen einer Minderheit, der mit Gewalt der Mehrheit gegen-
> über geltend gemacht wird. Sie stützt sich auf Terror und Unter-
> drückung, kontrollierte Presse und Rundfunk, von vornherein
> bestimmte Wahlen und auf die Unterdrückung der persönlichen
> Freiheit.»[8]

Anders zu bewerten sind allerdings die daraus gezogenen Folge-
rungen, die ein nicht weniger unmenschliches Eindämmen des
Feindes mit kriegerischen Mitteln (Korea, Vietnam) einschlos-
sen. Heute ist die *Konspiration des Schweigens* (Roberta Cohen)[9] in der westlichen Öffentlichkeit zurückgedrängt, sie
scheint aber nach wie vor für die offizielle Politik Deutschlands
und anderer westlicher Staaten zu gelten. Darauf weisen chinesi-

sche Demokraten immer wieder hin. Der ins Hongkonger Exil getriebene freie Gewerkschafter Han Dongfang sagte bei der Entgegennahme des Bremer Solidaritätspreises 1996, er sei «traurig, weil die internationale Gemeinschaft tagein, tagaus vor den Menschenrechtsverletzungen [in China] die Augen verschließt».[10] Das Verschweigen hier entspricht der Technik der KP Chinas, ihre eigene dunkle Geschichte vergessen zu machen. Der heute im amerikanischen Exil lebende Menschenrechtler Fang Lizhi wies darauf hin, daß er in seinen vier Jahrzehnten unter der kommunistischen Regierung oft Gelegenheit hatte, den Eifer der KP zu studieren, wenn es darum ging, die gesamte Gesellschaft zum Vergessen der Geschichte zu zwingen.[11] Dabei gehen Geheimhaltung und Propaganda Hand in Hand.[12] Ein Grund mehr, nicht länger die Strafinstitutionen zu ignorieren, die für ein Fünftel der Menschheit gelten.[13]

Dies will nichts weniger als ein antichinesisches Buch sein. Es ist der Versuch, sich auf die Seite des chinesischen Humanismus zu stellen, neben dem der lebensfeindliche Zynismus der *Alten Herren* Chinas als eine grobe Verzerrung all dessen erscheint, was eine zivile Gesellschaft auszeichnet. Alle Aussagen beruhen auf hier in Deutschland allgemein zugänglichen Informationen, aus naheliegenden Gründen konnten keine Recherchen im Land selbst unternommen werden. (Die unvermeidlichen Differenzen in Zahlenangaben beruhen darauf, daß keine verläßlichen Statistiken veröffentlicht werden.) Das Buch zeigt somit, was man hier wissen kann, und damit auch das, was die für die deutsche Chinapolitik Verantwortlichen wissen können. Heute kann weniger denn je Nichtwissen vorgeschoben werden, wenn es um die Verletzung der Menschenwürde in nur vermeintlich fernen Gesellschaften geht.

Wirtschaftswunder mit Gewalt

*Die chinesische Gesellschaft
am Ende des 20. Jahrhunderts*

Nach dem Ende des Kalten Krieges und dem Kollaps der staats-
sozialistischen Systeme von Mitteleuropa bis an die Grenzen
Chinas ist die VR China der bedeutendste ‹Rest› des marxi-
stisch-leninistischen Lagers. Nach zwei katastrophalen politischen «Experimenten», dem *Großen Sprung nach vorn* der drei
Jahre 1960–1962, der eine Hungerkatastrophe mit 27 Millionen Opfern bewirkte[14], und der *Großen Proletarischen Kulturrevolution*, deren Opfer nach Millionen Toten gezählt werden,
setzte nach 1978 eine Politik der Reformen und der Öffnung des
Landes für westliche wirtschaftliche Engagements ein, die äußerst erfolgreich war. Im Inneren schien nach dem Zivilisationsbruch der Kulturrevolution mit der Rehabilitation von drei
Millionen Funktionären, Wissenschaftlern, Intellektuellen,
Facharbeitern und Gelehrten und ihrer Rückkehr ins öffentliche
Leben eine neue Entwicklung humanerer Verhältnisse zu beginnen. (Der «liberale» Hu Yaobang, zu der Zeit Leiter der Organi-
sationsabteilung der Partei, begann diesen Prozeß, mußte aber
einige prominente Opfer der Anti-Rechts-Kampagne von 1957
in den Lagern lassen, weil die gegenwärtigen «Reformer» ein-
schließlich Deng Xiaopings dafür verantwortlich gewesen waren und nicht als Leiter einer von Anfang an verfehlten und unmenschlichen Politik desavouiert werden wollten!) Einerseits
wurden fast alle Opfer des Maoismus freigelassen, andererseits
blieben aber dennoch rund 100 000 politische Gefangene in den
Lagern zurück.[15]
Die Öffnung nach außen ging mit der Dekollektivierung der
Landwirtschaft und dem Zurückdrängen des staatlichen zentra-

len Planes einher. Es ergab sich ein Mischsystem aus überkommenen bürokratischen Machtstrukturen der Staatspartei und ungemein dynamischen kapitalistischen Elementen, deren Einfluß stetig wächst. Steigt das Bruttosozialprodukt weiter in zweistelligen Raten, dann wird China schon in der ersten Dekade des 21. Jahrhunderts die größte Wirtschaftsmacht der Welt sein!

Der Lebensstandard zumindest der städtischen Bevölkerung erhöhte sich beträchtlich, das durchschnittliche Jahreseinkommen lag 1992 bei 365 Dollar = 2000 yuan und hat sich bis zum ersten Halbjahr 1995 (1968 yuan für das erste Halbjahr) verdoppelt. 1994 betrug das jährliche Pro-Kopf-Einkommen eines städtischen Haushaltes 3179 und eines ländlichen 1220 yuan. Der Mindestlohn in Peking lag 1994 bei 29 Dollar = 240 yuan, in der Sonderwirtschaftszone Zhuhai in Südchina war er mit 46 Dollar = 380 yuan um einiges höher. In ärmeren ländlichen Regionen liegt der Mindestlohn bei 14 Dollar = 120 yuan.[16]

1993 betrug die Wachstumsrate des Bruttosozialproduktes 13, im ersten Halbjahr 1995 10,5 Prozent, die Industrieproduktion nahm 1993 um 33 Prozent zu. Das Durchschnittseinkommen in den Städten war 1993 im Vergleich zum Vorjahr um 28 Prozent gestiegen, auf dem Land um 18 Prozent.

Bei wohlwollender Einschätzung kann man eine größere Mobilität der Bauern konstatieren. Sie ist zunächst durch die faktische Aufhebung des staatlich reglementierten Wohnrechts (*hukou*-System) möglich geworden, das den Umzug vom Land in die Stadt nahezu ausschloß. Die Auslandskontakte der Intellektuellen haben sich vervielfacht. Allein an deutschen Universitäten lernten 1993 rund 10000 chinesische Studenten.[17] Als positive Entwicklung sind auch die Anfänge eines einheitlichen Rechtssystems auszumachen.[18]

Andererseits sind lebenslang wirksame soziale Privilegien wie die Garantie eines Arbeitsplatzes für die in den Staatsbetrieben Beschäftigten nicht mehr zeitgemäß und werden abgebaut. 17 Millionen staatliche Arbeiter sollen entlassen werden, von denen nur sieben Millionen neugeschaffene Arbeitsplätze werden einnehmen können. Die übrigen zehn Millionen sind bei der Arbeitssuche allein auf sich gestellt.[19] Die Gesamtzahl der arbeitsuchenden Wanderarbeiter beträgt 100 Millionen[20], zwei Millionen Menschen wanderten seit 1990 auf illegale Weise aus. Schätzungsweise 200 Millionen verdeckte Arbeitslose auf dem Lande bilden das Reservoir billiger Arbeitskräfte. Außerdem wächst die Bevölkerung jährlich um 16 bis 17 Millionen. Die Weltbank rechnet 200 Millionen Menschen in China, das sind 20 Prozent der Bevölkerung, zu den neuen Armen. Mehr als 80 Millionen leiden Hunger und Kälte. Das für 700 Millionen Menschen zur Verfügung stehende Trinkwasser ist bakteriell verseucht. 62 Prozent der Bevölkerung sind von Parasiten, meist Würmern, befallen. 180 Millionen Chinesen sind Analphabeten.[21]

Zu den demographischen und sozialen Schwierigkeiten treten eine spürbare Geldentwertung infolge der Inflation und eine zunehmende Schichtung der Gesellschaft in Arm und Reich. Ein symbolträchtiges Anzeichen für die Abkehr von der Armut in Gleichheit ist der Umstand, daß die Firma Rolls-Royce in China einen stetig wachsenden Markt für ihre Edellimousinen sieht. Innerhalb von vier Wochen wurden 1993 26 der zwischen 150000 und 345000 Dollar teuren Luxusautos nach China verkauft. Die Firma rechnet mit einem Jahresumsatz von mindestens 100 Fahrzeugen.[22]

Die Inflationsrate ist in den ersten Monaten 1994 im Landesdurchschnitt um 20, in den Großstädten um 40, die Auslandsverschuldung um 365 Prozent gestiegen. Zu der fortdauernden Reformfragilität[23] treten weitere langfristig destabilisierend wirkende Entwicklungen: Die Kriminalitätsrate steigt um 20 Prozent jährlich. Die Einkommensrelation zwischen Stadt und Land von 1985 10:17 hatte sich 1993 auf das Verhältnis 10:24 verschoben.

Hemmend kann sich auch die zunehmende Korruption auswirken, wenn die dabei «erworbenen» Mittel nur konsumtiv verbraucht oder ins Ausland geschafft werden, wie es in der Bevölkerung kursierende Gerüchte über Schweizer Bankkonten der Nomenklatura nahelegen.[24] Korruption kann dann einen konstruktiven Effekt haben, wenn mit ihrer Hilfe starre bürokratische Hürden umgangen werden können, die Investitionen im produzierenden Sektor behindern.

Der Anteil der Bauern an der Bevölkerung soll 75 Prozent betragen; das wären also etwa 900 Millionen Menschen. Rechnet man die stetige Abwanderung vom Land ein – die Zahl der Stadtbewohner stieg in der Dekade vor 1989 um 200 Prozent von 172 Millionen auf 541 Millionen –, dazu den hohen Anteil ländlicher Arbeitsloser, dann kommt man bereits heute auf einen weitaus geringeren Anteil der Bauern von «nur» noch 50 Prozent.[25] Trifft diese Angabe zu, dann handelt es sich bei China schon um kein agrarisch dominiertes Land mehr! Ob 75 oder 50 Prozent: die Lage einer solch großen Gruppe ist für die Zukunft Chinas entscheidend.

Die Bauern profitieren von den *Vier Modernisierungen* (der Landwirtschaft, der Industrie, der Wissenschaft und der Landesverteidigung), die Deng Xiaoping 1978 ausrief, am wenigsten. Sie sind die Opfer der verbreiteten Korruption lokaler Beamter, der mangelnden Investitionen in den Ausbau elementarer Infrastrukturen (Straßenbau, Transportmittel, Bewässerungsanlagen etc.) sowie mangelhafter Einrichtungen für Erziehung, Bildung und Gesundheitsvorsorge. Die Bauern reagieren unmittelbar und heftig: In der Kreisstadt *Renshou* in der Provinz Sichuan verlangten örtliche Beamte Steuern, die das staatliche festgesetzte Limit von fünf Prozent des Einkommens überstiegen. Die Bauern stürmten und zerstörten im Juni 1993 den örtlichen Sitz der KP, nachdem es schon im Januar zu Protesten gekommen war, und waren erst durch den massiven Einsatz von paramilitärischen Truppen zu stoppen. In der Presse wurde dieser noch begrenzte Bauernaufstand als das «*Tiananmen des flachen Landes*» bezeichnet.[26] Die angeblichen Anführer Xiang Wenqing und mindestens sieben weitere Personen wurden am 5. Juni 1993 verhaftet, Xiang wurde zu neun Jahren, die anderen zu Haftstrafen unter neun Jahren verurteilt.[27] Das Ansehen der Partei ist in den ländlichen Gebieten gering, die Parteifunktionäre gelten als korrupt und die Pekinger Zentrale als politisch ohnmächtig.

Der Aufstand von *Renshou* zeigt zweierlei: Einmal ist es nach der gegenwärtigen Verfassung des Landes offensichtlich nicht möglich, räumlich und finanziell vergleichsweise beschränkte Krisen (Frage der Besteuerung) vor Ort demokratisch zu lösen. Es gibt keine dafür geeigneten politischen Instanzen, und die KP hat auch kein Interesse an der Schaffung solcher basisdemokratischer Institutionen. Selbst wenn es nun in Wahlen auf Kreis- und Provinzebene mehr Kandidaten als Sitze gibt, so haben die regionalen Volkskongresse keine Macht, die Politik zu bestimmen oder Staats- oder Parteifunktionäre abzuwählen. Es gibt allerdings glaubwürdige Berichte, daß die von den Behörden favorisierten Kandidaten in einigen Wahlen auf Dorfebene geschlagen wurden[28], doch sind diese demokratischen Anfänge äußerst bescheiden.[29]

Zweitens offenbart das Ereignis die von einer politisierten Landbevölkerung ausgehende Bedrohung für den totalitären Staatsapparat. Im Frühjahr 1993 war es auch in anderen Provinzen, in Jilin, Heilongjiang und in Anhui, zu Bauernunruhen gekommen, weil die Behörden die Schuldscheine für die angekauften ländlichen Produkte aus der vergangenen Ernte nicht einlösen konnten.[30] Wiederum in der Provinz Sichuan sind 60 Prozent aller Postämter in der Präfektur Nanchong angegriffen worden, weil sie nicht über ausreichend Barmittel verfügten, die staatlichen Schuldscheine einzulösen. Ostern 1994 schossen Sicherheitskräfte auf einen Protestzug von Landbewohnern im Kreis *Huiyang* in der Nähe der Sonderwirtschaftszone Shenzhen, die gegen Korruption und Vetternwirtschaft protestierten.[31]

Die Rebellionen sind auch ein Anzeichen dafür, daß die Partei auf dem Lande im Grunde ihre Daseinsberechtigung verloren hat, seit nach dem Willen der Reformer um Deng Xiaoping eine Trennung von Partei- und Staatsamt durchgesetzt wurde. Die örtlichen Parteisekretäre haben weitgehend ihre politische und damit ihre wirtschaftliche Macht verloren. Nicht wenige sind sogar aus der Partei ausgetreten, um ihre alten Verbindungen für private Unternehmungen gewinnbringend auszunützen.[32]

Trotz der seltenen Informationen über die nach der Verfassung illegalen Streiks – ein «Land in der Hand des Proletariates» benötigt dieses Mittel ja angeblich nicht – lassen sich widerständige Handlungen auch im industriellen modernen Sektor nachweisen. Die tatsächlich an die Berichte aus englischen Fabriken des frühen 19. Jahrhunderts im «Kapital» von Karl Marx gemahnenden Verhältnisse in manchen neuen Produktionsstätten lassen den Belegschaften keine andere Wahl. 1994 wurde China ein «Eldorado der Ausbeuter» genannt. Als Beispiel soll die *Shenhang Kleiderfabrik Nr. 1* in Shenzhen angeführt werden, in der besonders geschickte Näherinnen aus Hubei und Zhejiang arbeiten. Für den recht ansehnlichen Verdienst müssen sie in Kauf nehmen, «fast wie die Tiere» zu leben: «In den stinkenden, überfüllten Verschlägen direkt neben dem Produktionssaal ist es im Winter kalt, im Sommer brütend heiß.»[33]

In einer Fabrik in südkoreanischem Besitz in *Tianjin* sollen Arbeiter gezwungen worden sein, sich hinzuknien, und es sei dann gegen ihre Knie getreten worden, weil sie zu langsam arbeiteten. Eine ausländische Schuhfabrik habe für 1200 Arbeiterinnen nur eine einzige Toilette vorgesehen, während die wenigen ausländischen Manager ihre eigenen, modern ausgestatteten sanitären Einrichtungen zur Verfügung gehabt hätten. Außerdem verdienten die Frauen mit 17.50 Dollar = 100 yuan monatlich selbst für chinesische Verhältnisse wenig. In beiden Fabriken setzten sich die Menschen in Streiks zur Wehr, allerdings ohne daß eine Gewerkschaft beteiligt gewesen wäre, denn diese sind kraftlose bürokratische Institutionen des Staates, die eher der Kontrolle der billigen Arbeitskräfte dienen.[34] Arbeitsniederlegungen kamen auch 1995 an verschiedenen Orten vor. Im August traten 600 Frauen in einer ‹südkoreanischen› Textilfabrik in Streik, um gegen exzessive Überstundenarbeit zu protestieren, und Arbeitsniederlegungen wurden auch in der Wirtschaftssonderzone von Shenzhen organisiert.[35]

Die Beispiele sollen belegen, daß das chinesische Wirtschaftswunder keineswegs sozial abgefedert ist, sondern daß extreme Belastungen der in den Modernisierungsprozeß Einbezogenen offensichtlich billigend in Kauf genommen werden. Mit Kinderarbeit, kasernierter Arbeit, krasser Unterbezahlung, Prostitution, Zuwachs der Kriminalität und Drogenabusus sind nur einige Symptome angesprochen.[36] Die Zahl von Arbeitsunfällen nimmt zu, zwischen Januar und August 1993 wurden 11 600 Unfälle registriert – doppelt so viele wie im gleichen Vorjahreszeitraum.[37] 14 288 Menschen starben 1993 durch Arbeitsunfälle, 1994 waren es bereits 20 263, und in den ersten fünf Monaten von 1996 waren es 6656 Personen. Jährlich sterben 10 000 Kumpel bei Unfällen, und durch Brände in Fabrikationsstätten starben 1994 2000 Menschen. Mehr als 30 Millionen Chinesen arbeiten in giftigen Umgebungen.[38]

Nach der Niederschlagung der Demokratiebewegung 1989 gelten demokratische Formen nach westlichem Vorbild als unangemessen. In die von Reformern ‹gesäuberten› Positionen sind wieder alte Funktionäre eingezogen, die das Leben von neuem den leninistischen Kontrollen unterziehen, die Hu Yaobang und Zhao Ziyang zurückgedrängt hatten. Die Reideologisierung mit den ausgewählten Werken von Deng Xiaoping, Chen Yun und Peng Zhen wirkt wie ein Schlafmittel.[39]

Ein bedrohlicher Aspekt der augenblicklichen Lage ist es, daß Staaten, die im Inneren die Menschenrechte unterdrücken, dazu tendieren, nach außen eine aggressive Politik zu entwickeln.[40] Das Verhalten der Machthaber Chinas scheint, wie ihr militäri-

sches Drohgehabe während der ersten freien Präsidentschafts-
wahl in Taiwan 1996 zeigte, diese allgemeine These zu bestätigen.

«Wer profitiert, wird nicht kritisieren»

Ist eine demokratische Entwicklung möglich?

Vor dem Hintergrund der spannungsreichen Entfaltung einer kapitalistischen Wirtschaft in ungeahnten Größenordnungen stellt sich die Frage, ob sich das Land kontinuierlich von dem jetzigen totalitären Staat leninistischer Prägung zu einer Zivilgesellschaft fortentwickeln kann, die ihr Leben demokratisch organisiert. Seit Beginn der Reformpolitik 1978 bis zur Niederschlagung der Demokratiebewegung 1989 gab es keine Ausweitung demokratischer Verfahren, sondern nur eine Vergrößerung der von der Kommunistischen Partei nicht unmittelbar kontrollierten Bereiche der Gesellschaft.[41] Auf den Ebenen des Staates und der Provinzen nehmen Parteimitglieder alle hohen zivilen, polizeilichen und militärischen Positionen ein. Die ökonomische Dezentralisierung brachte regionalen Funktionären einen Zuwachs an Entscheidungsspielraum.[42]

Was sind nun die Hindernisse einer demokratischen Entwicklung? Jedenfalls nicht ohne weiteres die von Martin Whyte[43] 1992 herangezogenen prätotalitären Züge der dynastischen Gesellschaft Chinas. Viele der von ihm für die Geschichte des Westens behaupteten, die historische Entwicklung der Demokratie fördernden Umstände lassen sich durchaus auch in China nachweisen: Whyte behauptet, eine im Westen vorhandene Voraussetzung demokratischer Entwicklungen, nämlich die entfaltete Geldwirtschaft in einer Handelsgesellschaft, habe es in China nicht gegeben, folglich auch nicht das Konzept der Gleichheit auf dem Markt und in der Folge davon vor dem Gesetz. China besaß spätestens seit der Ming-Dynastie (1368–1644) ein sehr entwickeltes Geldwesen. Auch hat es, anders als Whyte behaup-

tet, durchaus autonome Quellen für Werte und Glaubensvor-
stellungen, ebenso während langer Phasen der chinesischen
Geschichte wetteifernde kleine Staaten gegeben. Der Buddhismus, um nur ein Beispiel zu nennen, sieht als eigenständiges
Wertesystem mit dem Konzept der christlichen Barmherzigkeit
vergleichbare Handlungsweisen vor. Auch in der klassischen
konfuzianischen Philosophie sind protodemokratische Werte
vorhanden. Nach dem «linken» Konfuzianer Menzius (Mengzi)
war die Tötung des Herrschers dann erlaubt, wenn er das Man-
dat des Himmels nicht in der vorgesehenen Weise mit größtmög-
lichem Nutzen für das Volk ausübte. Das Volk kommt an erster
Stelle, dann das Land und an letzter Stelle erst der Herrscher.[44]
Selbstredend wird in der chinesischen Opposition die These von
der Unreife der Chinesen für die Demokratie abgelehnt. So
schrieb Wei Jingsheng 1994:

«Das Prinzip, auf der Grundlage eines Gesetzeskodex zu regie-
ren und Gerechtigkeit walten zu lassen, war selbst den kaiser-
lichen Dynastien nicht fremd. Obwohl sich das demokratische
Rechtssystem der europäischen Moderne in großem Maße von
der Despotie der chinesischen Kaiser unterscheidet, leitete der
französische Staatsphilosoph Montesquieu seine Lehre von der
Gewaltenteilung aus dem klassischen Rechtssystem mit ab.

Schon deshalb ist es purer Unfug und geradezu ein Betrug an
unserer Kultur, wenn die Kommunistische Partei heute behauptet, den Chinesen fehle aus mangelnder Tradition das Verständnis für die Funktion des Rechts, oder sie seien unreif für die Demokratie.

Der Grundsatz: ‹Wenn der Prinz gegen das Gesetz verstößt,
wird er nicht anders behandelt als der gemeine Mann›, hat zumindest als theoretisches Axiom in der Rechtstradition unseres
Landes seit 2000 Jahren existiert.» [45]

Ergänzend sei erwähnt, daß China auch in der Moderne Erfahrungen mit der Demokratie hat: 1913 gab es Parteien, Wahlen

und ein Parlament, das von *warlords* beseitigt wurde. Diese erste demokratische Phase mag kurz und kaum bewußtseinsprägend gewesen sein, aber es ließe sich an sie als ein wichtiges historisches Datum der chinesischen Geschichte anknüpfen. Statt dessen berufen sich «die Alten» auf Sekundärtugenden einer angeblich konfuzianischen Tradition, von der sie wenig wissen: auf Disziplin, Gehorsam und Kollektivismus.

Das größte Hindernis für die Demokratisierung besteht darin, daß es einer nach dem leninistischen Konzept der KP als Avantgardetruppe organisierten Gruppe von Revolutionären nach dem historischen Anfangserfolg einer Revolution (auch gegen fremde Mächte) gelungen ist, sich die Macht im Staate trotz katastrophaler Mißgriffe annähernd ein halbes Jahrhundert zu bewahren. Daß dabei einzelne Personen und Personengruppen innerhalb des vergleichsweise winzigen sozialen Körpers der KP ausgetauscht (auch liquidiert) worden sind oder unter Umständen das Auf und Ab von Verteufelung und Rehabilitation mehrmals erlebt haben, ändert nichts an der Tatsache, daß es die KP als solche verstanden hat zu überleben. Dabei ist nicht zu übersehen, daß die Revolutionäre qua Definition über oder jenseits des Rechts, auch des selbstgeschaffenen, stehen.

Die KP gleiche einer Geheimgesellschaft der dynastischen Zeit. In ihren Methoden und in ihrer Mentalität erinnere sie an eine «Gesellschaft der Unterwelt». Sie fürchte das Tageslicht, lebe von Täuschung und Verschwörung und regiere mit Einschüchterung und Terror. Mit diesem Fazit faßte der langjährige Beobachter der chinesischen Zeitgeschichte, Pater Laszlo Ladany, seine Erfahrungen zusammen.[46]

Eine solche soziale Einheit ist nicht in der Lage, die Prozesse der Demokratie zu verstehen. Selbst in der – positiv gemeinten – Stellungnahme, die Demokratie sei deshalb eine zu übernehmende Errungenschaft der westlichen Bourgeoisie, weil sie sich mit Hilfe eines Wahl- und Rechtssystems, durch das die Regierungen kontrolliert würden, ihre Länder untertan gemacht habe, kann Deng Xiaoping die Demokratie nur als Mittel zum Zweck, als ein Herrschaftswerkzeug sehen. Selbst diese instrumentelle Sicht der Demokratie hat er hinter sich gelassen:

> «Wenn sich China vom leninistischen Parteienstaat entfernt, dann wird dies unausweichlich zur unkontrollierten Ultra-Demokratie und zum Anarchismus, zu dem vollständigen Zusammenbruch der politischen Stabilität und Einheit und zum völligen Mißlingen unseres Modernisierungsprogrammes führen!»[47]

Ihre Macht hält die KP durch ein weitverzweigtes, umfassendes Kontrollsystem[48] aufrecht, das an die historische Nachbarschaftsorganisation *baojia* der Qing-Dynastie anknüpfte. Es basiert auf der Registrierungspflicht jedes Bürgers. Seine Personalpapiere *hukou* weisen ihm nicht nur seinen Wohnort zu, den er in der Regel weder mit einem Ort gleichen Niveaus, geschweige denn mit einem höherrangigen Ort tauschen darf, sondern auch Ausbildungs- und Lebenschancen. Selbst die Heirat bietet Personen aus verschiedenen Regionen keine Möglichkeit, einen gemeinsamen Lebensort zu wählen, wenn dazu die Hochstufung von einer ländlichen in eine städtische Registrierung vonnöten ist. Die Abstufung, also der Entzug des städtischen Wohnrechts, war in allen politischen Kampagnen («Gegen Rechts» 1957, gegen die «Rechtsopportunisten» 1959, in der «Landverschickung Jugendlicher während der Kulturrevolution», in der «Antikriminalitätskampagne» 1983 und in der Reaktion auf die Demokratiebewegung 1989) ein Mittel, politisch Unliebsame in die Verbannung zu schicken. Ein Bürger, der sich länger an einem Ort aufhält, für den er keine Registrierung vorweisen kann, läuft Gefahr, von der Polizei in ein Lager zur «Umerziehung» eingewiesen zu werden. Die Fesseln des Registrierungssystems sind infolge der zunehmenden Bautätigkeit in den prosperierenden Landesteilen faktisch gelockert worden, aber das System kann immer noch angewandt werden, um Personen einen bestimmten Aufenthaltsort zuzuweisen.

Ein weiteres Mittel der Kontrolle sind die mit den Stasi-Akten vergleichbaren Personaldossiers, die von jeder Ausbildungs- oder Arbeitseinheit geführt werden und von den Bürgern nicht eingesehen werden können. Darin werden sowohl die «Haltung zum Vaterland», also die politische Meinung des Beobachteten, als auch – in der Rubrik «Soziale Beziehungen» – alle vom Konventionellen abweichenden Handlungen und Haltungen registriert.

Der eigentliche soziale Ort jedes Bürgers ist seine «Einheit» *(danwei)*, zu der neben den Arbeitsstätten auch die Schulen, Krankenhäuser, Gefängnisse, Lager usw. gehören. Die Personalführung verfügt über zahlreiche Mittel, das Verhalten der einzelnen zu belohnen oder zu bestrafen, indem sie etwa die Macht hat, wichtige Bedürfnisse und Geschehnisse des Alltags entscheidend zu beeinflussen: Sie ist zuständig für die Zuweisung von Wohnraum, die wiederum die Voraussetzung für eine Heirat ist. Sie bestimmt, wann ein Paar ein Kind haben darf. Sie muß ihre Zustimmung zur Ausgabe eines Reisepasses geben. Und so fort.

In allen Einheiten ist die KP mit Zellen vertreten. Nach der Niederschlagung der Demokratiebewegung mußten noch im Sommer 1989 Millionen Bürger diesen Parteigremien ihr Verhalten und Denken während der Demokratiebewegung in Form von Selbstkritiken offenlegen. Aufgrund ihrer Akten entschieden die Parteifunktionäre, wer welche Sanktionen erhielt. Ähnliche Aufgaben wie die Einheit übernehmen die Straßen- oder Nachbarschaftskomitees für diejenigen, die keiner Einheit zuzurechnen sind: für die Hausfrauen, Alten und die Arbeitslosen. Auch sie dienen der Überwachung und Sicherung konformen Verhaltens.

Das eigentliche Machtzentrum der KP über dem gegenwärtig aus 21 Personen bestehenden Politbüro besitzt keinerlei rechtliche Legitimation oder Definition. Es bestand beispielsweise 1992 aus zehn Personen (Yang Shangkun, Li Xiannian, Yao Yilin, Chen Yun, Wang Zhen, Wan Li, Bo Yibo, Deng Yingzhao und Peng Zhen sowie Deng Xiaoping). Die Machtvollkommenheiten dieser Herrschergruppe über 1,5 Milliarden Menschen beruht auf persönlichem Prestige und dem Einfluß, der sich auf das Netzwerk der Patronage stützt.[49] Von einer derartig elitären Organisation – Merle Goldmann spricht von der von Deng Xiaoping präsidierten Oligarchie, deren Reformen in Teilbereichen erfolgreich verlaufen – die Einleitung demokratischer Prozesse zu erwarten ist illusionär. Die Altrevolutionäre arbeiten nach ihrem Verständnis zum Besten der Bevölkerung, sie haben ökonomische Erfolge vorzuweisen und treffen auf Unterstützung oder zumindest eine Haltung neutralen Gewährenlassens. Warum sollten sie ihre Macht schmälern lassen? Im Grunde verachten sie die große Mehrzahl der Bürger, die sie mit einer vollständig kontrollierten und zensierten Desinformation über das Fernsehen willfährig zu halten versuchen, weil die Bürger, vor allem die Bauern mit schlechterer Grundbildung, zu belügen sind. Die KP hat mit ihrem Informationsmonopol auf dem Land, wo es kaum Alternativen zum Fernsehen gibt, gewisse Erfolge. Andererseits sind drei Viertel der Chinesen nach 1949 geboren und sollen der staatlichen Propaganda ihrerseits Verachtung entgegenbringen.[50]

Ein Argument gegen die Demokratie lautet, daß sie gutausgebildete, informierte Bürger benötige, da anderenfalls der Einfluß von Demagogen überhandnehmen könne. Niemandem als der derzeitigen chinesischen Führung ist allerdings weniger an wirklich gutinformierten Bürgern gelegen. Kritische Auslandsjournalisten werden ausgewiesen, da man eine Rückwirkung der Freien Presse auf die inneren Verhältnisse zu befürchten scheint. Als weiterer Grund gegen die Demokratie für China wird vorgebracht, das Land müsse zusammengehalten werden, die Modernisierung brauche alle Kräfte. Daß gerade Freiheit Kräfte freisetzt, ist offensichtlich unvorstellbar. Auch sei nationale Einheit für den eingeschlagenen Modernisierungsweg Voraussetzung, demokratische Prozesse seien zu langwierig und erzeugten inneren Streit. Weiter wird vorgebracht, die nötigen und einschneidenden Maßnahmen der Bevölkerungsplanung seien mit demokratischen Mitteln nicht durchsetzbar.

Dennoch gibt es eine Fraktion der chinesischen Elite, die für einen rationaleren und toleranteren Staat eintritt, der aber immer noch ein undemokratischer Staat wäre. Sie hat zur Kenntnis genommen, daß der Kapitalismus in Ostasien mit starken, ja autoritären Regimes eng verbunden ist oder zumindest in der Aufbauphase verknüpft war (Singapur, Südkorea, Taiwan). So ist nach dem Abtritt der *Alten Herren*, die über Recht und Gesetz stehen, ein autoritärer bürokratischer Kapitalismus wahrscheinlicher als eine wirklich in der Bevölkerung verankerte Demokratie mit einer freien Wirtschaft.[51]

In der aktuellen politologischen Diskussion[52] findet eine Auseinandersetzung über die Frage statt, wie das chinesische System der Reformperiode nach der Kulturrevolution zu charakterisieren sei. Der Zustand vor der Kulturrevolution wird als *totalitär* beschrieben: Eine Partei (KP), geführt von einer Person (Mao), beherrschte mit Hilfe einer ausschließlichen Ideologie, gestützt auf eine mächtige Geheimpolizei, sämtliche sozialen und ökonomischen Institutionen. Die Zeit danach wird als *autoritär* beschrieben. Dieser Status beruhe auf der Schwächung der Partei, die zahlreiche wichtige Entscheidungen an gesellschaftliche Kräfte abgeben mußte, bei fortdauernder Herrschaft zunächst einer Person (Deng Xiaoping) und dann zunehmend einer Führungsgruppe (Politbüro): Die Partei ist nicht mehr in der Lage, die Massen in politischen Kampagnen zu mobilisieren, und die Staatsideologie ist diskreditiert. Der Aktionsradius der Individuen dehnt sich aus, ist aber nach wie vor limitiert. Da die KP in ihren Basisorganisationen entscheidend an Macht verloren hat, muß sich das Regime verstärkt auf die Armee, die Polizei und alle übrigen Unterdrückungsinstitutionen stützen, zu denen die Lager, Gefängnisse und das Strafsystem gehören.

Vom Standpunkt der politischen Opposition aus ist die unterschwellig in der westlichen Position als Fortschritt gewertete graduelle Verschiebung von *totalitär* hin zu *autoritär* nichts weniger als eine Verbesserung ihrer Lage: Alle Berichte belegen, daß die Unterdrückung eher zugenommen hat. Ein Grund dafür ist die allgemeine intellektuelle Verunsicherung, die dem von der KP nicht eingestandenen Untergang des sinisierten Marxismus als Staatsideologie in den Exzessen der Kulturrevolution folgte. Es gibt keine verbindlichen Werte, da sowohl die Adaption des konfuzianischen Humanismus als auch der Normen westlicher Demokratien blockiert wird.

Die Alternativen zum Status quo malen chinesische Regierungsvertreter in grellen Farben: Es drohe bei einer Schwächung der Zentralmacht eine Desintegration der Nation mit Bürgerkriegen entlang der neuen Grenzen zwischen Industriegürteln und marginalisierten (inneren) Regionen. Daß ähnlich wie in der untergegangenen UdSSR postrevolutionäre Führer nach dem Abtritt der mit dem revolutionären Krieg verbundenen Generation systemtranszendierende Maßnahmen durchführen könnten, erscheint im Falle Chinas eher als unwahrscheinlich, da die heutigen Führer im Einklang mit der Armee und einer Mehrheit der chinesischen Bürger nichts mehr fürchten als einen Zustand der gesellschaftlichen Unordnung[53] oder, wie die Regierung sagte, «uneins [zu sein] wie ein Haufen loser Sand».[54] Chaotische Verhältnisse, *luan*, hatte die Bevölkerung in der jüngeren Geschichte des Landes zu oft auszuhalten. Aus diesen Erfahrungen erklärt sich auch die nicht zu verschweigende Zustimmung eines beträchtlichen Teiles der Bevölkerung zu harten Strafen bis hin zur Todesstrafe für Kapitalverbrechen und besonders für Korruption.[55]

Für die Zukunft Chinas wird das Offizierkorps der Armee bestimmend sein, weil die Armee diejenige Institution ist, die die größte Einigkeit, Disziplin und Autorität aufzuweisen hat, wenn auch ihr Ansehen nach dem Massaker 1989 tief gesunken ist.[56] Das Offizierkorps scheint aber keineswegs einheitlich einer diktatorischen Unterdrückung freiheitlicher Tendenzen das Wort zu reden. Zumindest nahmen einige hohe Offiziere das Streben nach Professionalisierung und Modernität der Armee so ernst, daß sie den in keiner Weise rechtlich legitimierten Befehlen der *Alten Herren* 1989 nicht Folge leisteten.

Der prominenteste ist Generalleutnant Xu Qinxian, ehemals Kommandant der 38. Armee, der Krankheit vorschützte, um den illegitimen Befehl zur gewaltsamen Unterdrückung der Demokratiebewegung 1989 nicht ausführen zu müssen. Für seine abweichende Haltung wurde er mit Gefängnis bestraft. Im November 1989 teilte der Chef der Allgemeinen Politischen Abteilung der Armee, Yang Baibing, mit, daß gegen 20 Offiziere auf Divisionsebene und höher sowie 36 Offiziere auf Regiments- und Bataillonsebene wegen «ernster Verbrechen», die wohl in Opposition zum gewaltsamen Vorgehen der Armee in Peking bestanden, ermittelt werde.[57]

Dennoch scheint die Armee in dem Bestreben geeint zu sein, eine destabilisierende Politik zu verhindern, schon allein um eine Polarisierung innerhalb ihrer Reihen zu verhindern. Für die Nachfolgeregelungen nach Deng Xiaopings Tod ist die Armee der Königsmacher. Sie wird einen zivilen Kandidaten stützen, der die Fortsetzung des Einparteiensystems garantiert. Dabei wird es sich kaum um den derzeitigen Ministerpräsidenten Li Peng handeln, da er mit seiner Verantwortung für das Vorgehen 1989 intern für den Ansehensverlust der Armee verantwortlich gemacht werden dürfte. Der amtierende Generalsekretär der KP, Jiang Zemin, hat keinen Rückhalt in der Armeeführung, so daß der 1989 entmachtete Zhao Ziyang, der 1988–1989 von hohen Militärs akzeptiert worden ist, wieder an die Macht gelangen könnte. Jenseits aller Spekulationen über Personen bleibt festzustellen, daß die Armee alles daran setzen wird, das autoritäre, zentralisierte System der Machtausübung abzusichern, da der Zerfall des Ceauçescu-Regimes in Rumänien, die Entwicklung in den Nachfolgestaaten des russischen Imperiums und der

Balkankrieg ein Gefühl der Unsicherheit hinterlassen haben, das die eigene Existenz als gefährdet erscheinen läßt.

Der Überblick über die augenblickliche Lage des Landes und mögliche zukünftige Entwicklungen läßt den Schluß zu, daß tiefgehende humanitäre Reformen für die nächste Zukunft unwahrscheinlich sind. So werden abweichende politische Meinungen und Handlungen weiterhin verfolgt werden, werden weiterhin Dissidenten in die Gefängnisse und Lager gesperrt werden, denn diese Behandlung entfernt sie nicht nur aus der Gesellschaft, sondern wirkt auch als Abschreckung für andere, die die KP Chinas kritisieren könnten.[58] Das Strafrecht und die aus ihm folgende «Behandlung» von Menschen, die, auf welche Art auch immer, abwichen, scheinen bis heute von den großen Wandlungen der chinesischen Gesellschaft vergleichsweise unbeeinflußt geblieben zu sein. Grundzüge sind seit den späten 50er Jahren unverändert geblieben, ein Umstand, der sich in der Weiterexistenz ebenso schlichter wie brutaler «Maximen» wie etwa «Wer Widerstand [gegen das Strafwesen] leistet, der wird streng behandelt werden!»[59] zeigt. Das überrascht nicht, wenn man bedenkt, daß 1979 die überarbeitete Fassung des Strafrechtes ausgerechnet von Peng Zhen eingeführt wurde, dem «bekanntesten Schlächter des Regimes»[60], der 30 Jahre zuvor für die Massenanklagen, die Lynchjustiz und öffentliche Exekutionen während der Landreform verantwortlich war.

Die historisch fortschrittlichste westliche Position zu den Menschenrechten bestimmt weltweit die Diskussionen. Die chinesische Abwehr dagegen bringt Argumente des Kulturrelativismus vor. Dabei ist der in Peking hochgeschätzte Architekt eines «weichen, autoritären» Regimes im Stadtstaat Singapur, Lee Kuan Yew[61], unter Umständen der falsche Zeuge. Er beharrt zwar auf der Bedeutung autochthoner kultureller Züge, die die Übernahme des Systems westlicher Demokratien ausschlössen, vor allem die wichtige Rolle des Kernkollektivs der (Groß-)Familie, doch lehnt er offen die «Abgeschlossenheit und den Terror» kommunistischer Regierungen ab. Die überaus hoch geschätzte öffentliche Ordnung kann im übrigen auch er in seinem Staat nur mit Verhältnissen aufrechterhalten, die an einen Polizeistaat gemahnen. Li hat zudem ein äußerst verzerrtes Bild von den USA, wenn er «Schießzeug, Drogen, Gewaltverbrechen, Vagabundentum und unpassendes Verhalten in der Öffentlichkeit» als die kennzeichnenden Züge der modernen amerikanischen Gesellschaft sieht. Solche Erscheinungen sind weder ursächlich der Liberalität anzulasten, noch sind sie durch repressives «Verschwindenlassen» wirklich beseitigt.

Aber Gegenbeispiele der asiatischen Region (Japan, Taiwan, Südkorea) belegen, daß der Standard der westlichen liberalen Demokratien in Sachen Bürger- und Menschenrechte durchaus übernommen werden konnte. Warum sollte auch eine Gesellschaft, die avancierte High-Tech in Industrie, Militär und Raumfahrt anzuwenden und zum Teil selbst hervorzubringen vermag, nicht in der Lage sein, ihr Rechtsbewußtsein und ihre Rechtspflege auf ein ebenso entwickeltes Niveau zu heben? Keine politische Theorie führt aus, daß die Entwicklung eines Landes, in China die «Vier Modernisierungen», nicht in Verbindung mit dem garantierten Schutz vor Willkür und Gewalt des Staates, vor Folter und vor Hinrichtung nach Schnellverfahren durchgeführt werden könnte. Im Gegenteil sind aus einer humanen, liberalen Anwendung der Staatsmacht eher stärkende und vorwärtstreibende Impulse zu erwarten. Der Rückgriff auf kultur- oder entwicklungsspezifische Relativierung, das heißt der Rekurs auf besondere nationale Bedingungen, die es erlaubten, Menschenrechte nicht oder nicht in vollem Umfang zu verwirklichen, muß zurückgewiesen werden.[62] Sicherlich sind die Menschenrechte ein westliches Konzept, aber die von Raimundo Panikkar[63] angesprochene Furcht unter Intellektuellen der sogenannten Dritten Welt, die Übernahme der Menschenrechte gefährde ihre eigene Kultur und damit ihre Identität, kann für die Volksrepublik China leicht zurückgewiesen werden. Schon die

Übernahme eines rudimentären Marxismus in der Vulgärform des Stalinismus stellte eine Entfremdung von autochthonen Konzepten wie etwa von dem Verhaltenskodex *li* dar. Die Alleinherrschaft der KP hat nichts übriggelassen, was dem Menschenrechtskonzept gegenübergestellt werden könnte. Es kann auch durchaus nicht von der Suprematie eines *cultural westocentrism*[64], also einer Art kultureller Bevormundung von seiten des Westens gesprochen werden. Denn anders als in der Zeit des Imperialismus geht es nicht um Fremdherrschaft, wirtschaftliche Vorteile oder – um noch weiter in die Vergangenheit zurückzugreifen – um die Versklavung von Menschen fremder Kulturen, sondern im Gegenteil um die Sicherung menschenwürdiger Lebensbedingungen für alle Menschen bar jeden materiellen Eigeninteresses. Es gibt auch keine Gründe zu meinen, ältere autochthone ethische Konzepte wie das von Panikkar für Indien angeführte *darma*-Konzept könnten nicht in einer sehr harmonischen Symbiose mit dem Menschenrechts-Konzept existieren.

In China kursierte 1992 der Spruch: «Von einer Milliarde Menschen betreiben 900 Millionen Handel, und alle zusammen betrügen sie das Zentralkomitee.»[65] – Moralische Fragen sind in den Hintergrund getreten. Die Mehrheit ist damit beschäftigt, Wohlstand anzustreben. Der lange verteufelte materielle Ehrgeiz wird in den Ehrgeiz umgeleitet, mitverdienen zu wollen. Die KP fördert diese Tendenz, denn «wer mit Geschäften beschäftigt ist, wird nicht den Umsturz planen, wer selber profitiert, wird das System nicht so schnell kritisieren».[66] Doch ist sich die Opposition dieser blindmachenden Tendenz bewußt. Wei Jingsheng schrieb 1994:

> «Längst ist die Gesellschaft mit geistiger Blindheit geschlagen. Sie lebt in einem spirituellen Vakuum, welches die KP vergebens mit der Jagd nach Reichtum als einziger Ideologie der Reformepoche zu füllen versucht.»[67]

Trotz der für die nächste Zukunft eher pessimistischen Progno-
sen für ein demokratisches China ist eine zumindest für den eu-
rasischen Kontinent unübersehbare Tendenz zu erkennen: die
Entwicklung, ziviler, auf die Wahrung der Menschenwürde ge-
gründeter Gesellschaften. Der Prozeß begann nach dem Ende
des Zweiten Weltkrieges mit der Restaurierung oder dem Neu-
aufbau demokratischer Gesellschaften unter amerikanischer
Ägide zunächst im Westen Europas. Seine Fortsetzung fand er in
der Dekolonisation. Als Beispiel ist Frankreich zu nennen, das
sowohl im Indochina- als auch im Algerienkrieg eine inhumane
Politik umsetzte, die die demokratischen Strukturen des «Mut-
terlandes» gefährdeten, aber schließlich überwunden wurde.
Die noch aus dem Totalitarismus im Westen herrührenden Regime in Südeuropa, in Spanien und Portugal, mußten modernen
demokratischen Strukturen weichen. (Das Obristenregime in
Griechenland konnte sich nur kurze Zeit der allgemeinen Tendenz entgegenstellen.)

Eine weitere Beschleunigung erfuhr die Demokratisierung
eines Kontinentes mit dem Ende des Kalten Krieges und der Auflösung des totalitären Sowjetimperiums. Ostmitteleuropa
nahm, nun von der westlichen Hälfte gestützt, die eigenen demokratischen Traditionen auf, die mehrmals blutig unterdrückt
worden waren (17. Juni 1953 in der DDR, Ungarnaufstand
1956, Prager Frühling 1968). Auch in Rußland scheinen sich
zumindest Ansätze einer demokratischen Struktur zu entfalten.
Mit freien Wahlen in der nun von Rußland vergleichsweise unabhängigen Äußeren Mongolei reicht die von den alten Demokratien des Westens ausgegangene Entwicklung am Ende dieses
Jahrhunderts an die Westgrenzen Chinas.

Eine von den europäischen Entwicklungen getrennt zu se-
hende, autonom asiatische Form der Demokratisierung findet
im östlichen Vorfeld statt: Unter Umständen mit dem schon ähnlich wie Westdeutschland in der Nachfolge des imperialistischen
Krieges demokratisierten Japan als Vorbild, schlugen Südkorea

und Taiwan (auch Hongkong) Wege zu demokratischen Formen ein. China sieht sich also sowohl vom Westen als auch vom Osten dem Einfluß der demokratischen gesellschaftlichen Organisationsformen ausgesetzt, wobei der westliche Anrainer Indien schon seit Bestehen der Volksrepublik China ein halbwegs demokratisches Gegenmodell darstellt. Die ostasiatischen jungen Demokratien beweisen überdies, daß die chinesisch-konfuzianische Tradition keineswegs ein Hindernis für die Einführung demokratischer Verfahren darstellt.[68] Diese, wie auch immer generalisierende, kontinentale Sicht läßt trotz der anhaltenden Unfreiheit die Hoffnung zu, daß in der ersten Hälfte des 21. Jahrhunderts China Teil eines demokratischen Eurasiens sein könnte.

Die chinesische demokratische Elite selbst ist sich seit den späten 8oer Jahren der allgemeinen demokratischen Bewegung in der Welt bewußt[69] und hat vor 1989 versucht, im Anklang an Bewegungen im damaligen Ostblock zu handeln. Sie ist aber, worauf Merle Goldmann hinweist[70], derzeit in der paradoxen Situation, daß sie sich nur dann mit Folgen für das politische Geschehen ausdrücken können wird, wenn sich das politische System ändert, was aber wiederum nur die demokratische Elite durch ihren politischen Diskurs bewirken könnte. Die demokratische Elite ist zum Schweigen gebracht, aber das heißt nicht, daß sie völlig ausgelöscht wäre. Sie wird sich regenerieren. Bisher war sie nicht stark genug, durch eine Selbstorganisation Druck von außen auf die Führung auszuüben und Prozesse der Demokratisierung in Gang zu setzen. Wäre sie organisiert, hätte sie es mit einer Gruppe Mächtiger zu tun, die sich letztlich auf die Armee stützt. Alles in allem scheint die Haltung der Armee der Dreh- und Angelpunkt für die unmittelbare Zukunft Chinas zu sein.

«Noch leben wir und sind nicht erstarrt»

Die Opposition und die Lage der Intellektuellen

Die organisierte demokratische Opposition in China ist zahlenmäßig gering und stellt keinen kohärenten politischen Körper dar. Die Gruppen sind geographisch voneinander isoliert, aber auch soziale und weltanschauliche Unterschiede bedingen Distanzierungen. Die Opposition ist regional unterschiedlich entwickelt; besonders in den südwestlichen Randgebieten des Landes wächst sie an. Allgemein nimmt sie in einigen inländischen rückständigen Provinzen zu, weil kritische Studenten von 1989 nach ihren Universitätsabschlüssen dorthin versetzt wurden, um ihre Einwirkung auf die Zentren zu verhindern. Die Schwächung der KP in diesen Regionen hat aber gerade zu mehr Möglichkeiten politischen Wirkens geführt. Die sozialen Gruppen, aus denen die Opposition kommt, sind nach wie vor die Studenten, die Intellektuellen sowie die neue Unternehmer- und Händlerschicht. Im Kern ist die Opposition urban. Auch ihre Gegner, Arbeiter des bedrohten staatlichen Sektors, niedrige und mittlere Partei- und Staatsbeamte sowie die Angehörigen der Polizei und des Militärs, gehören überwiegend dem städtischen Milieu an.[71] Die Kluft zwischen den urbanen Intellektuellen und den Bauern ist sehr groß. Auch die Demokratiebewegung von 1989 hat es nicht vermocht, ein für die Demokratisierung unumgängliches Bündnis mit den Bauern zu erreichen.[72]

Lokale Menschenrechtsgruppen und Netzwerke der Information sind seit den späten 70er Jahren an ihrer Arbeit gehindert worden.[73] 1991 gab es nach offiziellen Angaben 60 Untergrundorganisationen in Peking. Nach dem «Jahresbericht des ameri-

kanischen Außenministeriums zur Lage der Menschenrechte»
(Human Rights Report) brachte das Regime Ende 1995 jegliche
Dissidenz gegen das Machtzentrum durch Einschüchterung,
Exilierungen und Verhängung von Gefängnis- oder administrativen Haftstrafen zum Schweigen, [74] doch sah der Protagonist
der 89er Bewegung, Wang Dan, die Zukunft der Opposition
nicht vollkommen pessimistisch: «Die Bewegung für Demokratie passiert gerade einen sehr dunklen Tunnel. Doch ins Stocken
geraten ist sie noch lange nicht.» [75]

Die Lage der Intellektuellen

Die Geschichte der Volksrepublik ist von einem ausgeprägten
Antiintellektualismus der KP, insbesondere Mao Zedongs, geprägt. Mao hatte als junger Mann erfahren, daß ihm urban geprägte Intellektuelle das Gefühl vermittelten, unbedeutend und
nicht in ihre Kreise passend zu sein. Später irritierten ihn ihr
Expertentum und ihre wissenschaftliche Autorität; er mißtraute
der Unabhängigkeit ihrer Urteile und ihrer Fähigkeit zur Kritik.
Als originäre Sünden der Intellektuellen sah Mao ihren sogenannten bürgerlichen Individualismus und ihre Neigung zur
Nichtkonformität an. Er zog daraus die Konsequenz, das Denken der Intellektuellen zwangsweise umformen zu wollen.

Seine herausragende Rolle war nur möglich gewesen, weil
Chiang Kaishek mit seinem weißen Terror 1927 die damalige
Führung der KP aus zivilisierten, hochgebildeten urbanen Intellektuellen, die sich durch weltoffene, kosmopolitische Haltungen auszeichneten, beseitigt hatte. Mit ihnen war auch die Prägung durch humanistische Werte und die Orientierung zum
modernen Westen hin verloren.

Mao verbündete sich mit den ungebildeten, autoritätsfixier-
ten Soldaten und Bauern in Yan'an. Seitdem galten Gebildete
vor allem in den lokalen Parteigliederungen grundsätzlich als

ungeeignet, in die Partei aufgenommen zu werden. 1985 ergaben offizielle Angaben, daß nur 4 Prozent der Parteimitglieder über «etwas Hochschulbildung» verfügten, 42 Prozent nur die Elementarschule besucht hatten und 10 Prozent Analphabeten waren.[76]

Im Sinne der konfuzianischen Tradition waren die kritischen Intellektuellen der nachdynastischen Zeit zuvörderst am Schicksal ihres Landes interessiert und erst in zweiter Linie an ihrer persönlichen Lage. Nach der kommunistischen Machtübernahme 1949 stieß die KP deshalb auf bereitwilliges Entgegenkommen, wenn nicht Enthusiasmus in der Intelligenz. Das tief verwurzelte Mißtrauen Maos gegen die Intellektuellen führte aber bald zu den ernüchternden Erfahrungen der Kampagnen gegen Rechts in den 50er Jahren, in denen ihnen «die Rückgrate entfernt und die Gehirne herausgenommen» wurden.[77]

In der «Hundert Blumen»-Bewegung verlor Mao bei den Intellektuellen den Rest seines Prestiges. Zuerst zur Kritik an den Verhältnissen aufgefordert, wurden 1957 400000 sogenannte «rechte Elemente», die schließlich gewagt hatten, tatsächlich Kritik zu äußern, verhaftet. Mao, der den Mangel an Respekt spürte, wollte die Intelligenz mit einer neuen Generation von politisch *(rot)* und beruflich *(Experte)* Gebildeten aus der Arbeiterklasse ersetzen.[78] Kritische Intellektuelle, die die Politik Maos begleiteten und nicht selten zum Schweigen gebracht wurden, waren: der Philosoph Liang Shuming, der herauszufinden versuchte, ob er sich im Neuen China an die konfuzianische Maxime halten könne, daß sich die inneren Überzeugungen in den äußeren Handlungen ausprägen müssen, der Schriftsteller Hu Feng, der 1955 verhaftet wurde, in jüngster Zeit Fang Lizhi, der 1989 emigrieren mußte und der Dramatiker Wu Zuguang, der sich gegen den Konservativismus der Partei wandte und für die Redefreiheit eintrat. Zu ihnen gehörten weiter Wang Ruoshui, Herausgeber der *Volkszeitung (Renmin ribao)*, der sich ebenfalls für die Redefreiheit stark machte und der Auffassung war,

37

daß Entfremdung sowohl im Kapitalismus als auch im Sozialismus auftreten könne, sowie Ma Yinzhu, Präsident der renommierten Peking-Universität, der die Notwendigkeit der Bevölkerungsplanung aufzeigte, als die KP derartiges noch ablehnte.

Nach 1976 waren Intellektuelle für den Wiederaufbau der postmaoistischen Wirtschaft gefragt. Sie wurden nun als Teil der Arbeiterklasse definiert, die Auseinandersetzung mit den Intellektuellenverfolgungen aus der Anfangszeit der Volksrepublik China wurden allerdings verhindert. Wei Jingsheng verlangte in seiner berühmten Forderung der fünften Modernisierung «Gebt dem Volk das, was ihm unverbrüchlich gehört: das Recht, seine Führer zu bestimmen!» Fu Shenqi, Herausgeber der Zeitschrift *Responsibility*, begründete die Notwendigkeit eines Mehrparteiensystems:

> «Unabhängige, autonome politische Parteien sind von entscheidender Bedeutung für die Demokratie. Wo es nicht zwei oder mehrere solcher Parteien gibt, kann sich die Demokratie nicht voll entwickeln. Dort wird die Legislative immer ein Deckmantel für die Diktatur einer einzigen Partei sein, und die Presse ihr Echo.»

1979 konnte in verschiedenen Gesellschaften wie der *Thaw-Society*, der *Enlightenment-Society* und der *China Human Rights Alliance* die demokratische Diskussion entfaltet werden. Sie wurde durch die Zeitschriften *Pekinger Frühling (Beijing zhi chun)*, *Forum des Fünften Aprils (Siwu luntan)* und *Forschungen (Tansuo)* vor allem in der Jugend weit verbreitet. Mitte der 8oer Jahre stießen einige im ganzen Land angesehene Intellektuelle zur Opposition, darunter Fang Lizhi, der die Übernahme der Grundlagen westlicher Demokratien befürwortete: freie Wahlen, Redefreiheit, eine freie Presse, den Wettstreit mehrerer Parteien und die Vorherrschaft des Rechts.

Vor 1989 gab es drei bedeutsame geistige Schulen:

1. Die Gruppe um die «Akademie der chinesischen Kultur» (*Zhongguo wenhua shuyuan*). Sie war verwurzelt im bilderstürmerischen Denken der 4.-Mai-Bewegung und gegen eine kommunistische Kultur eingestellt.

2. Die Gruppe junger Intellektueller *Gan Yang* verlangte die Einführung westlicher Werte.

3. Die Autoren Su Shaozhi, einst Direktor des Instituts für Marxismus-Leninismus und Maozedongideen an der Chinesischen Akademie für Sozialwissenschaften und Berater von Zhao Ziyang, und Jin Guantao. Sie forderten in den Publikationen *Toward the Future* bzw. *China and the World* die Diskussion westlicher Werte und die Auflösung der chinesischen Selbstisolation. Su Shaozhi war seit Stalins Tod 1953 für einen «liberalen» Marxismus nach ungarischem und jugoslawischem Vorbild eingetreten.

Es herrschte eine vergleichsweise freie Atmosphäre der Diskussion, denn der Generalsekretär der KP von 1978 bis 1989, Hu Yaobang, hatte verbreitet, für literarische oder akademische Meinungsäußerungen hätten die Intellektuellen keine Vergeltung mehr zu fürchten. Er wurde von Merle Goldmann[79] als die zentrale Kraft der demokratischen Elite gesehen, die Autoren wie Liu Binyan, Wang Ruowang aus Shanghai, Bai Hua, Wu Zuguang, Wissenschaftler wie Fang Lizhi und Xu Liangying und Theoretiker wie den Leiter der Theorieabteilung des KP-Zentralorgans *Renmin ribao*, Wang Ruoshui, in einem Netzwerk zusammenführte, dessen vordringlichstes Ziel es war, den Marxismus zu humanisieren. Sie waren davon überzeugt, die Macht der KP begrenzen zu müssen, um eine Neuauflage der Kulturrevolution (1966–1976), in der die Intellektuellen tief traumatisiert worden waren, zu vereiteln.

Als ein naheliegender und sicher auch für die nähere Zukunft der Zeit nach Deng Xiaoping wichtiger Weg erschien ihnen, den

Nationalen Volkskongreß zu einer wirklichen legislativen Macht auszubauen, die Unabhängigkeit der Justiz zu erreichen und eine freie Presse zu etablieren. Die Reformer um Hu Yaobang publizierten ihre Vorstellungen in den Organen *Theoretische Trends (Lilun dangtai)* und *Jugend Chinas (Zhongguo Qingnian)*. Die Ideen einerseits der Vertreter der 78er Bewegung «Mauer der Demokratie», andererseits der KP-Reformer um Hu Yaobang und seinen Nachfolger Zhao Ziyang – hier vor allem Wang Juntaos, für den der Sozialismus unterlegen war und in China durch die Wahl einer «neuen Zivilisation» zu ersetzen sei,[80] und Chen Zimings – waren in der urbanen Gesellschaft unter Studenten, Intellektuellen, Freiberuflern, neuen Unternehmern und den reformerischen KP-Kadern verbreitet.[81]

Die sogenannte demokratische Elite vermied lange unmittelbare Kontakte zu den ehemaligen Roten Garden, die wie Wei Jingsheng die 78er Bewegung geführt hatten. Wei lehnt den Marxismus-Leninismus als gescheitert ab. Der Versuch, über eine Diktatur des Proletariats gleiche Rechte für alle zu erreichen, sei vollkommen fehlgeschlagen. Die Konzentration der Macht in den Händen weniger Personen führte zu autokratischen Strukturen. Alle auf dem Marxismus-Leninismus basierenden Systeme seien undemokratisch.

Der Studentenführer Wang Dan (* 1969) führt in seiner Analyse der Demokratiebewegung von 1989[82] aus, daß sich fünf Generationen kritischer Intellektueller vereint hatten, um für die Wissenschaften und demokratische Verhältnisse zu streiten. Er führt die damals 90jährige Schriftstellerin Bing Xin als Vertreterin der ersten wirklich kulturrevolutionären Bewegung von 1919 an, gefolgt von Xu Liangying (* 1920) und Wang Ruowang (* 1918), die begeisterte Revolutionäre in den demokratischen Bewegungen der 30er/40er Jahre waren. Die dritte Generation bilden Intellektuelle, die bereits im «sozialistischen» System aufgewachsen sind wie Fang Lizhi (* 1947) und Su Shaozhi (* 1924) und als «Rechte Elemente» gebrandmarkt worden waren. In der Reformperiode nach 1978 traten sie für Bürgerrechte ein und wurden aus der KP ausgeschlossen. Als «Seele der Bewegung» sieht Wang Dan die Sozialwissenschaftler Wang Juntao (* 1958) und Chen Ziming (* 1952), die ihre Jugend an die Kulturrevolution verloren und zusammen mit Wei Jingsheng 1979 begonnen hatten, sich für die Demokratie einzusetzen. Die fünfte Generation, die Studenten, war als treibende Kraft mit Wuer Kaixi, Chai Ling, Liu Gang und Wang Dan selbst vertreten.

Das Scheitern der Bewegung von 1989 sieht Wang in der mangelnden politischen Erfahrung und der Konzeptionslosigkeit der jungen Intellektuellen angelegt. Ein Zurückweichen vor der Autorität des Staatsapparates hätte seiner Meinung nach das Weiterführen der Kämpfe gestattet. Wang richtet aber seine Kritik nicht nur an seine Kommilitonen, sondern sieht als «grundlegendes Defizit aller chinesischen Gelehrten», daß sie letztlich «handlungsunfähig und unsolidarisch» seien. Die erzwungene Anpassung an die KP, die sie instrumentalisiert habe, habe die Intellektuellen eingeschüchtert und feige zurückgelassen. Eine ähnlich radikale Kritik bringt der ins amerikanische Exil gegangene Literaturkritiker Liu Xiaobo vor. Er wirft den chinesischen Intellektuellen «gravierenden Mangel an gesellschaftlichem Verantwortungsbewußtsein *(Shehui liangzhi)*» und mangelnde Zivilcourage vor.[83]

Nach 1992 löste sich ein Teil der Intellektuellen aus der von 1989 herrührenden Erstarrung und Angst. Es bestand keine Hoffnung mehr auf baldige Durchsetzung grundlegender politischer Reformen. So engagierten sich zahlreiche Intellektuelle in der Wirtschaft, vor allem im Handel, um ihre unvorteilhafte ökonomische Lage zu bessern: Die Gehälter von Professoren, Lehrern und Regierungsangestellten lagen um 10 Prozent unter den Einkommen der Arbeiter. Ihre Lebenserwartung war mit 58 Jahren um zehn Jahre niedriger als der nationale Durchschnittswert. 31,8 Prozent der Intellektuellen starben zwischen

40 und 50 Jahren (50 Prozent von ihnen an Krebserkran-kungen).[84] Auf dem Hintergrund dieser bedrückenden sozialen Lage ließ die KP sie unter der Voraussetzung gewähren, daß sie von ihnen nicht mehr herausgefordert würde.

Wird dieses informelle Einverständnis durchbrochen, setzt Unterdrückung ein, die auf der Macht der KP beruht zu definie-ren, wer ein Konterrevolutionär ist und damit dem Strafsystem überantwortet wird. Viele ihrer Funktionäre sind in einer na-hezu paranoiden Weise so geprägt, daß sie regelmäßig freie Äu-ßerungen als einen gegen sie gerichteten verbrecherischen Akt wahrnehmen und sanktionieren. Dabei ist sogar für jemanden wie Fang Lizhi unerklärlich, mit welch grausamen Methoden die KP gegen einzelne vorgeht, wenn sie nur ein klein wenig unab-hängiges Denken haben erkennen lassen.[85]

Andere leiden bis heute unter den Folgen der barbarischen Verfolgung von 1989, vor allem die Protagonisten der niederge-schlagenen Bewegung von 1989. Wang Dan schrieb im Sommer 1994:

«Zum fünften Jahrestag des Blutbades von Peking liegt eine blei-erne Stille über China. Zensur, Beschränkung und engmaschige Kontrolle terrorisieren das geistige Leben. Nicht Zuversicht, sondern Angst regiert das Land. Intellektuelle sind unter einer drei Fuß dicken Eisschicht begraben. Doch noch leben wir und sind nicht erstarrt.»[86]

Ein kritischer Intellektueller hat wenig Möglichkeiten, sich der Verfolgung zu entziehen. Er ist, anders als in der Kaiserzeit, ge-zwungen, sich zu kriminalisieren, da für ihn die Möglichkeit, sich in ein inneres Exil zurückzuziehen, kaum noch besteht. Weicht er ins ausländische Exil aus, vernachlässigt er seine selbstgewählte Pflicht, auf die Besserung der Umstände hinzu-wirken, und muß den Bruch mit der Heimat ertragen. Wenn er aber erfährt, daß er ohnmächtig ist, die Verhältnisse zu ändern, ist das Exil ein sinnvoller Weg, die Stimme seines Bewußtseins zu bewahren. Angesichts der gegenwärtigen Verstärkung der ideologischen Kontrollen ist das Exil eine der wichtigsten Möglichkeiten geworden, sich die Fähigkeit der Artikulation zu bewahren.[87]

Der Staat wiederum soll nach einer geheimen Direktive die zwangsweise Exilierung als ein Mittel gegen Dissidenten einsetzen. So ist dem Gewerkschafter Han Dongfang ein Paß vorenthalten worden, um ihn an der Einreise von Hongkong in die Volksrepublik China zu hindern. Begründet wurde diese administrative Maßnahme mit Gesetzesübertritten, die allerdings niemals genauer spezifiziert wurden.[88] Zehntausende Intellektuelle wollten nach dem Massaker 1989 nicht nach China zurückkehren. Der Staat muß auf einen wichtigen Teil der potentiellen intellektuellen Elite verzichten.[89] Aber es gilt in China immer noch die überkommene Maxime, daß die eigene Schande nicht in die Öffentlichkeit getragen werden sollte. Also wird auch das Motiv zum Tragen kommen, öffentliches Aufsehen außerhalb der Grenzen zu vermeiden und die Kritiker durch fabrizierte Gesetzesverstöße im Inneren zum Schweigen zu bringen.[90]

Die wichtigste Äußerung der Opposition 1995 war ein von 45 Dissidenten und prominenten Wissenschaftlern am 16. Mai unterzeichneter, an den Staatspräsidenten Jiang Zemin und den Parlamentspräsidenten Qiao Shi gerichteter Appell zur Neubewertung der Demokratiebewegung von 1989 und zur Freilassung aller 1989 inhaftierten Demokraten (Text in: FAZ vom 26. 5. 95). Initiator war der renommierte Wissenschaftshistoriker und Übersetzer Einsteins ins Chinesische, Xu Liangying. Er teilte dem Staatspräsidenten mit: «Der Mangel an geistiger Toleranz ist das Haupthindernis für die Modernisierung unseres Landes.»[91] Coautor des Aufrufes ist Lin Mu, einst Parteisekretär der Universität Xibei in Xian. Weitere Unterzeichner sind: Wang Ganchang, einer der Begründer der chinesischen Nuklearphysik, der Opernautor Wu Zuguang und Wang Ruoshui, einst stellvertretender Chefredakteur des Zentralorgans der KP, der

Volkszeitung (Renmin ribao). Zwölf Unterzeichner sind oder waren Mitglied der chinesischen Akademie der Wissenschaften.

Kurze Zeit später waren mindestens 20 Bürgerrechtler in Peking festgenommen worden, drei weitere waren «verschwunden». Einige der Festgenommenen hatten den Appell an den Staatspräsidenten unterzeichnet. Zu den Festgenommenen zählten der ehemalige Studentenführer Wang Dan, Liu Xiaobo, der 1989 als einer der letzten den Platz des Himmlischen Friedens vor heranrückenden Einheiten verlassen hatte, der Dichter Huang Xiang und seine Frau Zhang Ling sowie der in Chongqing lebende Deng Huanwu. Der damals erst kurz zuvor aus zwölfjähriger Haft entlassene Wang Xizhe war ebenfalls verschwunden.

Die Repression war in der Furcht der Behörden vor dem Jahrestag des Massakers am 4. Juni begründet und beabsichtigte, Bürgerrechtler um dieses Datum herum aus der Öffentlichkeit zu entfernen. Am zweiten Jahrestag des Massakers sollen die Studenten Liao Jiaan (* 1969) und Wang Shengli (* 1967) auf dem Platz des Himmlischen Friedens Flugblätter verteilt haben, die an die Ereignisse 1989 erinnerten. Sie sind im November 1992 «konterrevolutionärer Propaganda» bezichtigt worden. Zum dritten Jahrestag des Massakers hatten Bürger auf dem Platz des Himmlischen Friedens Flugblätter mit dem Titel «Die Helden des 4. Juni werden ewig unvergessen bleiben» verteilt und waren dafür verurteilt worden.[92]

Der Appell der 45 zielte auf ein Bündnis mit der reformwilligen Parteifraktion, deren Mitglieder die brutale militärische Zerschlagung der Demokratiebewegung angeblich nicht billigten. Insgesamt waren im Mai und Juni 1995 mehr als 50 Unterzeichner von Petitionen verhaftet worden, einige wurden nach Vernehmungen entlassen, aber unter «Aufsicht» gestellt, andere wurden aus Peking verwiesen. Mindestens zehn, nach anderen 24,[93] sollen sich im September 1995 noch im Gewahrsam der Polizei befunden haben.[94]

Appelle und Petitionen zu publizieren ist eine wichtige Möglichkeit der Opposition, sich zu äußern. Allein im ersten Halbjahr 1995 organisierte die Opposition rund zehn Protestbriefaktionen.[95] In den Petitionen wurde unter anderem gefordert, die willkürliche Inhaftierung nach dem Verfahren «Gewahrsam und Untersuchung» sowie die administrative Sanktion der «Umerziehung durch Arbeit» abzuschaffen. Eine Petition zielte auf den Schutz grundlegender Menschenrechte.[96] Diese Möglichkeit wird aber immer dann durch Willkürmaßnahmen beschnitten, wenn sich ein besonderes Forum bietet, wenn zum Beispiel anläßlich des Besuches eines wichtigen Staatsgastes aus dem Westen zahlreiche ausländische Journalisten vor Ort sind. So wurde Wang Dan, einer der Organisatoren der Demokratiebewegung 1989, im März 1993 von Mitgliedern des Ministeriums für öffentliche Sicherheit in ein Flugzeug nach Hainandao, eine Insel im Süden, gesetzt, während in Peking der Nationale Volkskongreß tagte.[97]

Eine wirklich freie, unabhängige Gewerkschaft ist im Apparat eines der meistgefürchteten Unternehmen der Opposition. So ist der am 9. März 1994 beim Ministerium für Verwaltungsangelegenheiten von Liu Nianchun, dem Protagonisten der unabhängigen Gewerkschaftsbewegung, eingereichte Antrag auf Gründung einer unabhängigen, gewerkschaftsähnlichen Organisation noch im selben Monat mit der Verhaftung Lius beantwortet worden. Er hatte in einem Brief an das Verwaltungsministerium und den Parlamentspräsidenten Qiao Shi die Gründung einer *Vereinigung zum Schutz der Arbeitsrechte* sowie das Recht auf Gründung von Bauerngewerkschaften, die Offenlegung der Einkünfte der Regierungskader, die Verbesserung der Arbeiterrechte von Wanderarbeitern und eine Erweiterung der Kompetenzen von Betriebsgewerkschaften eingefordert. Sein Mitarbeiter Yuan Hongbing, ein Anwalt, war bereits bei der Vorbereitung des Schreibens verhaftet worden. Auch den Dissidenten Zhou Guoqiang und Wang Jiaqi wurde dieses Engagement als «Unruhestiftung», «Störung des gesellschaftlichen Friedens» oder auch als «Verwicklung in Kriminalfälle» vorgeworfen.[98] Die Vereinigung plante solch staatsgefährdende Dinge wie die Rechtsberatung von Bauern, die mit ihren lokalen Parteikadern in Konflikt geraten waren. Liu Nianchun befürchtete 1994 einen Rückfall in die Zeit Maos. Er erläuterte seinen Standpunkt wie folgt:

> «Deng Xiaoping ist sehr alt und könnte jederzeit sterben. Damit ist China an einem Scheideweg angelangt. Entweder meinen wir es ernst mit den Reformen, oder wir laufen Gefahr, wieder in verkrustete Strukturen aus den Zeiten Maos zurückzufallen.»[99]

Mitte 1995 waren mehrere Mitglieder der Vereinigung in Gewahrsam, Zhang Guoqiang und der Gewerkschafter Zhang Lin aus der Provinz Anhui waren für drei Jahre, und Liu Huawen, ein Christ, der sich der Gruppe angeschlossen hatte, für zwei Jahre in Lager zur «Umerziehung durch Arbeit» eingewiesen worden.[100]

Inhaftierte Oppositionelle werden in äußerst zynischer Weise von den Herrschenden in ihre propagandistischen Winkelzüge eingeplant. Während der (fehlgeschlagenen) Bewerbung um die Olympischen Spiele im Jahr 2000 wurden die Studentenführer Wang Dan und Guo Haifeng nach knapp vier Jahre währender zu Unrecht verhängter Haft freigelassen, ebenso kam Wei Jingsheng vorübergehend frei. Das Ziel war, auf die neue Regierung Clinton einzuwirken, die gerade dabei war, ihre Chinapolitik zu formulieren.[101]

Es ist festzuhalten, daß Intellektuelle selbstverständlich nicht automatisch Oppositionelle sind. Ganz im Gegenteil beginnt auch ein großer Teil der Geistesarbeiter «ins Meer hinabzusteigen», das bedeutet, auf irgendeine Art möglichst viel Geld zu verdienen. Sie haben ihre stolze Zurückhaltung aufgegeben, wenn auch der Einstieg ins Geschäftsleben als Abstieg empfunden wird. Ein Professor einer renommierten Universität beispielsweise backt und verkauft abends auf einem Straßenmarkt im Universitätsviertel Pfannkuchen. Er verdient damit das Fünffache seines Professorengehaltes.[102]

Andere geben es aber nicht auf, die Situation ihres Landes zu analysieren. Liu Xiaobo[103] faßt die augenblickliche Lage prägnant in dem Satz zusammen: «Chinas Türe ist nicht zu weit geöffnet, sie ist zu wenig geöffnet!» Chinas Intellektuelle sollten die Transparenz der westlichen Kultur dazu verwenden, sich in ihrem Spiegel selbst zu prüfen, selbst zu kritisieren und sich von neuem als gesellschaftliche Kraft zu konstituieren, um zur Transparenz der eigenen Kultur zu kommen, sagt Liu, und er weist darauf hin, daß in der Geschichte der Volksrepublik China stets die von Intellektuellen im Auftrag der Machtzentrale ausgeübte Unterdrückung schlimmer gewesen sei als die der nicht zur intellektuellen Welt gehörenden Funktionäre. Er beklagt den bis in die Reformperiode hineingetragenen Fraktionskampf in der wissenschaftlichen und literarischen Welt.

Wichtige oppositionelle Gruppen

Peking

- Die «Menschenrechtsgruppe in Peking» bestand aus neun Personen. Sie hat eine Friedenscharta (Heping xianzhang) verfaßt und strebt die Verbesserung der Menschenrechtssituation sowie demokratische Mitwirkungsrechte und die Zulassung konkurrierender Parteien an. Das Mitglied Qin Yongmin (* 1939, Wuhan), 1993 zu zwei Jahren Arbeitslager verurteilt, wurde in der Haft von Mitgefangenen schwer geschlagen.[104]
- Zur «Vereinigung von Familienangehörigen der Opfer des 4. Juni 1989» gehörten (1993) Mao Shaohua und Zheng Xuguang. Die Gruppe will mit legalen, gewaltlosen Mitteln politische Reformen erreichen.

- Die «Revolutionäre Demokratische Front Chinas» wurde 1991 von Chen Yanbin und Zhang Yafei mit vier Mitstreitern gegründet; Herausgabe der Zeitschrift «Eiserne Strömung» *(Tielu)*. Chen und Zhang wurden wegen «konterrevolutionärer Agitation und Propaganda zu 15 und 11 Jahren Freiheitsentzug verurteilt.[105]

Im Untergrund arbeitende Organisationen sind:
- «China Progressive Alliance (CPA)», gegründet von dem Arzt Kang Yuchun, dem Studenten Lu Zhigang und drei weiteren Personen. Kang wurde am 8. Mai 1992 wegen «konterrevolutionärer Verbrechen» verhaftet und 1994 zu 17 Jahren Haft verurteilt. Kang, so ein weiterer Vorwurf, habe auch die Zeitschrift «Freie Diskussion» herausgegeben.
- «Free Labor Union of China (FLUC)». Ein Vorbereitungskomitee der «Freien Gewerkschaft Chinas» nahm Anfang 1992 seine Arbeit auf. Es verbreitete auf Flugblättern in Peking einen Gründungsaufruf. Drei oder vier Gewerkschafter wurden im Mai und Juni 1992 festgenommen. Unter ihnen war Liu Jingsheng, der am 28. Mai 1992 festgenommen und im Dezember 1994 wegen «Gründung und Führung einer konterrevolutionären Vereinigung» in Tateinheit mit «konterrevolutionärer Agitation und Propaganda» zu 15 Jahren Haft verurteilt wurde. Anhänger der Gewerkschaftsbewegung haben sich an die Internationale Arbeitsorganisation in Genf gewandt und aufgezeigt, daß den chinesischen Arbeitern Grundrechte wie die Rede- und Versammlungsfreiheit sowie das Streikrecht versagt sind. Die Gewerkschafter wiesen auf die rechtliche Verschlechterung der Arbeiterschaft seit Beginn der Reformperiode hin.[106]
- «Liberaldemokratische Partei Chinas (LDPC)». Sechs Gründungsmitglieder, die zum Sturz des kommunistischen Regimes aufgerufen haben sollen, waren Mitte 1994 nahezu zwei Jahre in Haft, ohne daß sie bis dahin angeklagt worden

wären. Im Juli 1994 wurden sie in einer Gruppe von 15 Personen, unter denen Arbeiter, Studenten, Dozenten, ein Arzt und ein Restaurantbesitzer waren, der gemeinschaftlichen «Konterrevolution» bezichtigt.[107] Zu ihnen gehörten vermutlich · die Organisatoren der FLUC, die im September 1994 zu langen Haftstrafen verurteilt worden sind. «Neun der Angeklagten wurden zu Freiheitsstrafen zwischen drei und 20 Jahren verurteilt, ein weiterer für zwei Jahre unter ‹Aufsicht› gestellt (...).»[108]

- «Young Marxism Party», deren Protagonist Wang Tiancheng (* 1962) am 2.11.1991 in Peking verhaftet wurde, gerade als er einen Forschungsaufenthalt in Deutschland antreten wollte. Der Herausgeber der «Zeitschrift für chinesische und ausländische Jurisprudenz» *(Zhongwai faxue)* ist ein Bewunderer Montesquieus. Er verfaßte für die «Rechtswissenschaftliche Zeitschrift» der Peking-Universität den Artikel «Verfassung und Menschenrechte».

Xian

Die «Vereinigte Bewegung zum Schutz der Menschenrechte» fordert Kompensationen für ca. 1000 Fälle bei dem Massaker von 1989 Getöteter, Verwundeter und Verhafteter. Die Gruppe hat die Angaben zu den Opfern gesammelt, von denen die Hälfte aus Peking stammt.

Lanzhou

In der Hauptstadt der Provinz Gansu hat sich eine «Social Democratic Party of China» gebildet. Ihre Mitglieder sind Studenten, Unternehmer, Arbeiter und Kader. Die gemeinsame Basis ist die Gegnerschaft zur Einparteienherrschaft. Die Partei trat 1992 zum ersten Mal mit der an den Nationalen Volkskongreß gerichteten Forderung nach demokratischen Reformen und der Freilassung politischer Gefangener an die Öffentlichkeit.

Wuhan

Zhang Minpeng (* 1968), der Führer einer von der KP unabhängigen «Republikanischen Partei», wurde 1992 zu fünf Jahren Haft verurteilt.[109] 14 weitere Gründungsmitglieder wurden 1992 verhaftet und 1993 vor Gericht gestellt. Ein Ziel der Gruppe soll die Errichtung eines Mehrparteiensystems gewesen sein.

Shanghai

- Eine Dissidentengruppe von 30 Personen, die sich wöchentlich trafen, wurde von der Polizei Anfang Dezember 1993 aufgelöst. Das Mitglied Liu Muchen wurde verwarnt.

- Das «Hauptquartier der Demokratischen Front Chinas auf dem Festland» besteht aus fünf Personen und stellt die radikale Fraktion der Shanghaier Opposition dar. In ihrem Manifest von 1993 fordert die Gruppe die Beendigung der diktatorischen Herrschaft des kommunistischen Regimes. Angeblich soll sie sich sowohl zu friedlichen und legalen als auch zu gewaltsamen und illegalen Maßnahmen bekennen. Sie plante die Publikation einer Schrift mit dem Titel «Freies China». Die Mitglieder Yao Kaiwen und Gao Xiaoling befinden sich in Haft.

- Zum «Chinesischen Bund für Menschenrechte» gehörten der Generalsekretär Wang Fucheng und der Sprecher Yang Zhou, die 1994 zusammen mit dem Computer-Kaufmann Li Guotao, dem medizinischen Lehrer Bao Ge und Yang Qingheng verhaftet wurden. Alle fünf wurden zu drei Jahren «Umerziehung durch Arbeit» verurteilt. Insgesamt wurden acht Personen verhaftet, die die Menschenrechtsgruppe unterstützten. 1993 hatte die seit 1978 inoffiziell bestehende Gruppe vergeblich versucht, sich bei der Stadtverwaltung registrieren zu lassen. Im März 1993 hatte die Gruppe eine von 54 Shanghaier Bürgern unterzeichnete Petition an den Nationalen Volkskongreß unterstützt, die Verfassungsreformen und die Wahrung der

Menschenrechte einforderte.[110] Außerdem gibt es verschiedene kleinere Demokratie- und Gewerkschaftsgruppen.[111]

- «Stimme der Menschenrechte»: Bao Ge soll kurz vor seiner Verhaftung im Juni 1994 versucht haben, eine Organisation dieses Namens offiziell anzumelden. Er wurde «wegen Störung der öffentlichen Ordnung» zu drei Jahren «Umerziehung durch Arbeit» im Arbeitslager Da Feng in der Provinz Jiangsu verurteilt.
- Fu Shenqi (* 1954) soll versucht haben, eine prodemokratische Untergrundorganisation aufzubauen. Er wurde im Mai 1991 verhaftet und unter Ausschluß der Öffentlichkeit im März 1992 vor Gericht gestellt. Es wurde kein Urteil veröffentlicht, und Fu wurde im März 1993 mit dem Entzug der politischen Rechte für zwei Jahre entlassen,[112] doch war er 1995 wieder in Haft.

Anhui

Zhang Lin, führender Aktivist einer Untergrundorganisation in dieser Provinz, wurde 1994 verhaftet und für drei Jahre in ein Arbeitslager geschickt. Er wurde 1994 in der Haft von Mithäftlingen schwer geschlagen.[113]

Sichuan

- Im Distrikt Wanxian gab es eine «Democratic Youth Party», deren 179 Mitglieder sich gegen den *Drei-Schluchten-Staudamm* am Oberlauf des Jangtsekiang aussprachen, für dessen Errichtung 1,13 Millionen Menschen umgesiedelt werden müssen.[114] Sie sind alle in der quantitativ größten Unterdrückungsmaßnahme nach 1989 verhaftet worden.[115]
- Am 29. April 1996 wurde in der Provinz Sichuan der Dissident Liu Xianbin festgenommen, weil er Dissidentengruppen organisiert haben soll. Er war an der Demokratiebewegung von 1989 beteiligt und war dafür mit zweieinhalb Jahren Gefängnis bestraft worden.[116]

- 1983 gründeten chinesische Studenten in den USA die «Chinesische Allianz für Demokratie» *(Zhongguo minzhu tuanjie lianmeng)*. Ihr Organ ist die Zeitschrift *China Spring*. Das Ziel der Allianz ist es, die Diktatur in China zu überwinden und für Demokratie, Herrschaft des Rechts, Freiheit und Menschenrechte in China zu kämpfen. Die Allianz strebt Veränderungen von außerhalb der KP oder des Systems an.

- In Boston besteht ein «Democracy for China Fund». Der Studentenführer Shen Tong und die Aktivistin Qian Liyun haben im August 1992 versucht, ein Büro des Fonds in Peking zu gründen. Qian wurde zuerst einen Monat im Hotel «Rote Fahne» in Hausarrest gehalten und war dann bis zum 30. Oktober 1992 in Haft und durfte bis zu ihrem Prozeß Peking nicht verlassen. 1993 hielt sich Qian in den USA auf.

- 1989 wurde in Paris die «Front für ein demokratisches China» *(Minzhu zhonguo zhenxian)* gegründet. Sie steht dem 1989 gestürzten KP-Führer Zhao Ziyang nahe. Sie beabsichtigte, eine wirksame Oppositionspartei in China zu werden, und strebte Reformen innerhalb des Systems an.

Die «Chinesische Allianz für Demokratie» und die «Front für ein demokratisches China» haben sich 1993 zur «Vereinten Front für ein demokratisches China» *(Zhongguo minzhu lianhe zhenxian)* verbunden.[117]

Wer anders denkt, ist ein Verbrecher

Traditionelles und modernes Rechtsverständnis in China

Das Recht im dynastischen China war ein Instrument der Verbrechensbekämpfung und der Erhaltung und Ausübung von Macht, nicht Schutzschirm individueller Rechte. Es diente nicht zur Bewahrung der moralischen Ordnung, sondern übte eine helfende Rolle aus, indem es als Staatsrecht die Struktur und Funktion der Regierung bestimmte. Es gab ein Kriminalrecht (Strafrecht), dessen Sinn zum einen die Abschreckung, zum anderen die Sicherung der Staatsmacht gegen Angriffe auf die soziale Ordnung war. Ein Kodex für die unparteiische Regelung menschlicher Konflikte war nicht vorhanden. In das Strafrecht waren einige Elemente eines Zivilrechts eingefügt, die zum Beispiel Vertragsverletzungen im Handel mit Land und Immobilien, Konflikte bezüglich verliehener oder beliehener Wertgegenstände sowie Fragen der Erbaufteilung behandelten. Das Interesse des Kollektivs hatte Vorrang vor dem des Individuums, dem ein gehorsames Sicheinfügen in eine möglichst nicht zu störende harmonische Verfaßtheit seiner Umgebungen abverlangt wurde.

Wichtiger als das positive Recht war der Moralkodex *li*, meist mit ‹Etikette› oder ‹Riten› übersetzt, aber von einem der einflußreichsten Intellektuellen, Hu Shi, mit dem deutschen ‹Sittlichkeit› erklärt. Dieser Kodex war die absolut gesetzte Richtschnur für die Gesamtheit des menschlichen Lebens im privaten und öffentlichen Raum. Zudem verhinderte die habituelle Nachgiebigkeit als Tenor des sozialen Umgangs, daß sich ein starkes Rechtsbewußtsein ausbilden konnte.

Der moralisch autonome Gelehrte, *junzi*, war zur Kritik an

den Herrschenden verpflichtet. Er handelte gemäß seiner Auffassung der Wahrheit, nicht um sein Ansehen zu steigern, sondern um die Moral zu stärken und damit der Gesellschaft zu dienen. Die konfuzianische Kritik an der Tyrannei wurde nicht wegen des Raubs individueller Freiheitsrechte, sondern wegen der Verletzung der sozialen Ordnung vorgebracht, weil nämlich die Tyrannei den Antrieb der Intellektuellen untergrabe, dem Herrscher zu dienen. Der Bezugsrahmen der alten Gesellschaft war das konfuzianische Wertsystem, nach dem der Familienverband wichtiger war als der Staat. Die Herrschenden waren aber verpflichtet, Nothilfe, zum Beispiel Lebensmittellieferungen in Notstandsgebiete, zu organisieren, keine Unschuldigen zu töten sowie gerechte Strafen und Belohnungen auszusprechen. Die Gesetze mußten mit dem Moralkodex der Gesellschaft übereinstimmen, und der Herrscher hatte die Tugenden Brüderlichkeit, Loyalität und soziale Empathie zu stärken. Die Überzeugung, es existiere eine moralische Ordnung unabhängig von den Gesetzen, läßt sich mit der westlichen Vorstellung der Naturrechte vergleichen. Insofern waren protodemokratische Werte durchaus vorhanden.

Das Rechtsverständnis der KPCh
1949–1996

Recht ist im Verständnis der KP eine Waffe, um die kommunistische Politik durchzusetzen. Es muß stetig an die sich ändernden politischen Linien angepaßt und reibungslos unter der Leitung der Partei umgesetzt werden. Dieser instrumentelle Charakter des Rechts schließt eine Akzeptanz als alle gleicherweise bindende Norm aus. Auch für die KP geht das Interesse der Gesellschaft über das des Individuums. Persönlichkeitsrechte können nicht nur in Notlagen, sondern immer dann eingeschränkt werden, wenn Nutzen für die Gesellschaft angestrebt wird, denn der kollektive Nutzen komme auch dem Individuum zugute. Daß eine Person verfassungsmäßige Rechte hat, läßt es nicht als moralisch gerechtfertigt erscheinen, diese Rechte voll in Anspruch zu nehmen.[118] Unveräußerliche, von staatlicher Autorität unabhängige, in positives Recht gefaßte Naturrechte sind in der chinesischen Tradition unbekannt. Seit 1931 nehmen die ‹Wohlstandsrechte› in China Verfassungsrang ein, während die westlichen Demokratien dem Staat die Zuständigkeit für die Wohlfahrt des Gemeinwesens unter der Prämisse zuweisen, daß die Individualrechte gesichert sind.

In der jüngsten Diskussion um die Universalität der Menschenrechte argumentiert das offizielle China mit einem «Recht auf Leben als vorrangigem Menschenrecht», das vor allem in der Sicherung der elementaren Lebensbedürfnisse (Nahrung, Kleidung, Wohnung, Bildung) bestehe. Dies ist eine seit dem Ende der 60er Jahre bekannte Argumentationsfigur, der sich einige Entwicklungsländer bedienen. Während der sozialen Anstrengungen für die Modernisierung seien Beschränkungen der zivilen und politischen Rechte notwendig.[119] Weshalb aber stillschweigend eine wertmäßige Reihenfolge der Grundrechte angenommen wird, bleibt unbegründet. Zudem sieht man das «erste Menschenrecht» in China als gesichert an: «Seit die Grundversorgung der Bevölkerung mit Nahrung und Kleidung gesichert ist, ist das Recht auf Leben im wesentlichen verwirklicht.»[120]

Es liegt nahe, Klagen über eine fehlende Infrastruktur zur Umsetzung der Menschenrechte als Versuche repressiver Regierungen zu sehen, ihre Unterdrückung zu rechtfertigen.[121] Es spräche wenig dagegen, die «nachrangigen» Individualrechte zu verwirklichen. Die Herrschenden Chinas scheinen, ähnlich wie Angehörige traditioneller Gesellschaften, aber nicht erkennen zu können, daß sich die Menschenrechte schon aus dem Umstand ergeben, daß der Mensch ein Mensch ist.[122] Der immer wieder betonte Vorrang des Kollektivs ist nichts als ein äußerst zynisches Herrschaftsinstrument. Wiederholt wurden in den politischen Kampagnen mehr oder minder äußerlich bestimmte Kollektive ausgegrenzt und verfolgt. Der Verweis auf eigenständige kulturelle und historische Züge, die eine volle Verwirklichung der Menschenrechte nicht zuließen, ist die Ausrede einer politischen Elite, die die traditionelle Kultur und ihre Werte längst hinter sich gelassen hat. Die Abwehr des angeblich übersteigerten westlichen Individualismus, wie sie etwa der in Peking als Ratgeber geschätzte Lee Kuan Yew vertritt, ist die vom eigenen Interesse des Machterhaltes bestimmte Denunziation der individuellen Freiheitsrechte.

Der chinesische Rekurs auf eigene Bedingungen findet seltsamerweise viel Verständnis bei Helmut Schmidt, der ähnlich wie sein Nachfolger im Amt des Bundeskanzlers bereits 1993 nicht mehr von 1989 sprechen zu müssen glaubte:

> «Die jahrtausendealten kulturellen Traditionen [...] vor allem des Konfuzianismus haben in Ostasien dazu geführt, die eigene Gruppe, die Familie oder auch die Firma, die eigene Nation und die Pflichten gegen sie über das Individuum und seine Rechte zu stellen. Das moralische Gebäude unserer Grundrechte ist jüngeren Datums; es ist ein Ergebnis längerer europäischer Evolution, gipfelnd in der europäisch-nordamerikanischen Aufklärung.»[123]

Das klingt bestechend, ist aber dennoch falsch, weil die konfuzianischen Werte von den chinesischen Kommunisten ebensowenig beachtet wurden wie die der Aufklärung. Durch die Kollektivierung der Landwirtschaft wurde die bäuerliche Familienstruktur angegriffen, durch die staatliche Vergabe von Arbeitsplätzen wurden viele Kernfamilien auseinandergerissen; privatrechtlich organisierte Firmen wurden enteignet und verstaatlicht. In der Volksrepublik China konnten die jahrtausendealten Traditionen gerade nicht wirksam werden. Niemand möchte, wie Schmidt es unterstellt, «unser westliches ethisches Konzept den Völkern Ostasiens mit Macht aufzwingen», ebensowenig kann davon die Rede sein, daß mit Zwang das System der parlamentarischen Demokratie exportiert werden soll. Es ist aber durchaus zu fordern, daß ein Mindeststandard in der Verwirklichung der Menschenrechte gewährleistet wird. Daß allerdings die Volksrepublik China an der Basis ihres politischen Systems nicht die geringsten Ansätze in Richtung auf eine Demokratisierung erkennen läßt, ist der Grund für die illusionslose und gerade bei den Kennern und Freunden der chinesischen Kultur bittere Kritik an den herrschenden Strukturen. Niemand möchte schulmeisterlich dekretieren, wie eine Zivilgesellschaft jenseits der Diktatur der KP aussehen könnte, aber es ist moralisch gerechtfertigt, Änderungen jetzt zu verlangen. Denn die Lebenszeit der gegenwärtig Verfolgten ist nun einmal so beschränkt wie die eines jeden menschlichen Lebens.

Die Zeit zwischen 1958 und 1978 mit ihren zahlreichen «Säuberungskampagnen» kann als «antigesetzlich»[124] bezeichnet werden. Millionen Chinesen, darunter auch Parteimitglieder und hohe Funktionäre des Staatsapparates, sind in dieser Phase ums Leben gekommen. Folterungen, ungesetzliche Inhaftierungen und andere von keinem Gesetz abgesicherte Handlungen prägen diese Zeit. Seit 1957, vollends seit 1966, wurden das Recht und die Justiz zerschlagen. Zurückblickend wurde von chinesischen Reformern nach 1978 für diese historische Phase der Begriff «Zeit des Rechtsnihilismus» (*falü xuwuzhuyi*) geprägt. Die ständigen politischen Eingriffe in das Rechtssystem führten zu institutioneller Instabilität. Es galt der Vorrang kollektiver Interessen vor den Rechten der Individuen. Bis Ende der 70er Jahre waren die noch bestehenden Gerichte, Staatsanwaltschaften und die Polizei Bestandteile eines einzigen Verwaltungsstranges, die Gerichtsverfahren hatten den Charakter von leeren Zeremonien.

Im gegenwärtigen China ist das übergeordnete Ziel die Modernisierung des Landes. Es zählt, welchen Beitrag das Individuum dazu leistet. Was bringen die Bürger- und Menschenrechte für dieses strategische Ziel? Ein Ziel, das aus keiner demokratischen Abstimmung resultiert, aber aufgrund der wirtschaftlichen Erfolge breit akzeptiert wird? – Diese Frage bestimmt die Wertung der Rechte, sie haben keine Bedeutung an sich und werden in der Verfassungspraxis stark relativiert. Das Recht ist für die Führung nur insofern bedeutsam, als seine Regelungen zur Aufrechterhaltung und Kontrolle der gesellschaftlichen Prozesse dienen. Das Recht ist somit ein Mittel effektiver Leitung.[125] Gestützt wird diese geringe Wertschätzung der Menschenrechte von einem mechanistischen Verständnis der Gesellschaft: Jeder Mensch hat wie ein kleines Zahnrad seine Rolle in einer immer leistungsfähigeren Maschinerie nach einem von oben vorgegebenen Standardmodell auszufüllen.

In China wird abgelehnt, daß ein chinesischer Bürger internationalem Recht, etwa der Allgemeinen Erklärung der Menschenrechte, der internationalen Übereinkunft über bürgerliche und politische Rechte oder der internationalen Übereinkunft über wirtschaftliche, soziale und kulturelle Rechte, unterliegen könnte, obwohl in der Verfassung von 1982 ein Bezug auf die Menschenrechtsdeklaration der UN von 1948 hergestellt wird. Untersuchungen der inneren Rechtssituation durch fremde Regierungen oder internationale Organisationen werden von der Volksrepublik China als «Einmischung in die inneren Angelegenheiten» betrachtet.

Dem kann sicher aufgrund der halbkolonialen Erfahrungen des Landes bis 1949 und eines aus der erfolgreichen Revolutionsgeschichte entstandenen Nationalstolzes ein gewisses Verständnis entgegengebracht werden, dennoch sollte von einem Staat, der sich auf internationalem Parkett seine angemessene Position erobert hat, ein distanziertes Verhalten zu den eigenen Empfindlichkeiten erwartet werden können. Wenn Carlos Wing-Hung Lo[126] argumentiert, dies und darüber hinaus die grundlegende Demokratisierung werde vor allem durch die

Furcht der Führung verhindert, politische Stabilität und Einheit des Regimes könnten gefährdet werden, dann übersieht er, daß es ganz unmittelbar um die Erhaltung der Macht einer sehr kleinen, nicht demokratisch legitimierten Führungsschicht geht. China versucht immer wieder, Diskussionen seiner internen Menschenrechtslage in internationalen Gremien zu verhindern. 1994 setzte China nach größeren Auseinandersetzungen durch, daß die Kommission für Menschenrechte der Vereinten Nationen (UNHRC) anläßlich ihres Jahrestreffens nicht – wie geplant – eine Resolution zur Lage in China verabschiedete. Die Resolution wurde mit einer Stimme Mehrheit abgelehnt, und die chinesische Regierung brach für den Rest des Jahres 1994 bilaterale Gespräche über die Menschenrechtssituation mit einigen Befürworterstaaten ab.[127] Zum sechsten Male vermochte die chinesische Regierung im April 1996 durch massive Einflußnahme auf Vertreter von Entwicklungsländern einer Verurteilung der UN-Menschenrechtskommission zu entgehen.[128] Den chinesischen Machthabern geht es dabei nicht allein darum, internationales Ansehen zu bewahren oder wiederzugewinnen und dem Nationalstolz Rechnung zu tragen. Sie wissen, daß eine internationale Verurteilung auch eine innere Bedrohung der Regierung bedeuten kann, wenn sich nämlich einheimische Gruppen auf die Verurteilung beziehen, um die innere Opposition und die politische Abweichung zu mobilisieren und zu rechtfertigen. Es ist durchaus sehr fraglich, ob China «insgesamt gesehen seine radikale Ablehnung des Gedankens der Menschenrechte aufgegeben hat»[129], selbst wenn die chinesische Regierung bisweilen aus Opportunismus auf diplomatischem Parkett einen solchen Eindruck zu erzeugen vermochte.

Artikel 35 der chinesischen Verfassung garantiert die Rede- und Pressefreiheit. In der Verfassungswirklichkeit ist dieses Grundrecht nicht gegeben. Das Recht kann nur derjenige in Anspruch nehmen, der die sogenannten Vier Grundprinzipien akzeptiert:

1. Die Lehre des Marxismus-Leninismus,
2. die Führung der KP,
3. die Akzeptanz der Diktatur des Proletariats,
4. die führende Rolle des Sozialismus.

Die Redefreiheit wird durch die staatliche Zensur, durch die Unterdrückung abweichender Meinungen sowie indirekt durch die Kontrolle der Medien und die Selbstzensur der Intellektuellen eingeschränkt.

Ein wichtiges Instrument der Kontrolle ist der Paragraph 102 des Strafgesetzbuches, der «konterrevolutionäre Anstiftung oder Propaganda» als ein Verbrechen definiert, das mindestens mit fünf Jahren Gefängnis (Straflager) geahndet wird. Wei Jingsheng war aufgrund dieses Paragraphen von 1979 bis 1993 in Haft. Er hatte das Verbrechen begangen, kritische Essays vervielfältigt und in Peking zu verbreiten. Ein Aufruf, den Staat umzustürzen, war darin ebensowenig zu finden wie irgendwelche Anstiftungen zu kriminellen Handlungen, außer der Aufforderung, Flugblätter zu verteilen. Es war überhaupt kein meßbarer Schaden für den Staat entstanden. Im April 1994 wurde Wei erneut verhaftet und bis zum November 1995 in Isolationshaft gehalten. Am 13. Dezember 1995 ist Wei Jingsheng wiederum wegen «umstürzlerischer Aktivitäten» zu 14 Jahren Haft verurteilt worden. Das Gericht warf ihm vor, im Ausland bzw. in Hongkong Artikel veröffentlicht und in China eine Organisation vorbereitet zu haben, die den Sturz der Regierung betreiben sollte. Wei Argument, es habe sich nur um «kulturelle» Betätigungen gehandelt, wurde zurückgewiesen.[130] Nach dem

Lexikon des chinesischen Strafrechts[131] kann der Paragraph 102 bereits dann angewandt werden, wenn «Äußerungen der Unzufriedenheit mit der Regierung verbreitet werden und die Führer des Staates diffamiert werden». (Li Peng öffentlich als den Verantwortlichen für das Massaker von 1989 zu bezeichnen dürfte für mindestens fünf Jahre Haft ausreichen!)

Selbstverständlich kennen und fürchten die Herrschenden die Kraft einer einzigen Stimme, die in einem totalitär verfaßten Land größere soziale Bewegungen auslösen kann.[132] Das ist der wahre Grund für die rücksichtslose Repression, die sich quantitativ durch die Zahl der politisch überprüften oder gemaßregelten Menschen konkretisiert: Von 1958 an bis in die 80er Jahre wurden nach Aussage von Chen Yizi, einem Berater von Zhao Ziyang, 200 Millionen Menschen auf politischem Gebiet kritisiert oder bestraft.[133]

Wie die Behörden zur Redefreiheit stehen, wird an dem Umstand deutlich, daß während der dreizehntägigen Sitzung des Nationalen Volkskongresses 1994 in Peking mehr als ein Dutzend Dissidenten festgenommen und zum Teil zwangsweise aus Peking entfernt worden waren, weil man ihre kritischen Stellungnahmen fürchtete. Die zynische Haltung der Herrschenden wird in der Aufforderung des Parlamentspräsidenten Qiao Shi, angebliche Nr. 3 in der Pekinger Hierarchie, deutlich,

> «keine nutzlosen Versammlungen mehr abzuhalten, keine nutzlosen Dokumente mehr zu publizieren, sich nicht mehr in leerem Geschwätz zu ergehen und keine Lügen mehr zu verbreiten».[134]

Im Zuge der wirtschaftlichen Modernisierung beginnen sich auch in China moderne elektronische Medien zu verbreiten. So stieg nach chinesischen Presseberichten zwischen März und Juli 1995 die Zahl der Computer mit Zugang zum *Internet* von 400 auf 6000; die Zahl der Benutzer nahm von 3000 auf 40000 zu. Seit Anfang 1996 wurden keine weiteren *Internet*-Anschlüsse mehr gestattet, und es wurden Regelungen hinsichtlich der Inhalte erlassen. Die staatlichen Autoritäten versuchen in erster Linie, gegen die Regierung gerichtete politische Aussagen zu zensieren. Es wird mit technischen Mitteln verhindert, Informationen von ausländischen Dissidenten-Gruppen zu empfangen. Rundfunksendungen der *Voice of America* in chinesischer Sprache werden selektiv gestört. Eine kleine, aber schnell wachsende Gruppe chinesischer Bürger hat jedoch die Möglichkeit, über Satelliten abgestrahlte Fernsehsendungen zu empfangen.[135]

Die Pressefreiheit ist nicht gewährleistet. Die Furcht vor staatlicher Vergeltung setzt der Freiheit des künstlerischen Ausdrucks Grenzen. Ein Pekinger Verlag zog 1995 beispielsweise seine Zusage zurück, die Gedichte des Lyrikers Huang Xiang zu publizieren, als bekannt wurde, daß der Autor aus politischen Gründen in Haft gewesen war.[136] Ein autobiographischer Enthüllungsroman von Liang Xiaosheng konnte ebenfalls nicht erscheinen.[137] Im September 1995 wurde dem Regisseur Zhang Yimou eine Vorführung seines Filmes «Shanghai Triade» beim New Yorker Filmfestival staatlicherseits verwehrt. Die Polizei belästigte und verhaftete mehrere bildende Künstler, die im Viertel Yuanmingyuan in Peking leben und arbeiten, aufgrund ihrer regierungskritischen Einstellungen. Politische Diskussionen an den Schulen, Hochschulen und Forschungsinstituten unterliegen starken ideologischen Kontrollen.

Die Versammlungsfreiheit, garantiert in Artikel 51 der Verfassung, wird durch das nach der Demokratiebewegung von 1989 erlassene nationale Demonstrationsgesetz nahezu aufgehoben; es verbietet Versammlungen, Paraden und Demonstrationen, «wenn sie den Interessen des Staates schaden und der Gesellschaft und den kollektiven oder anderen gesetzmäßigen Freiheiten und Rechten anderer Bürger zuwiderlaufen».[138]

Seit 1989 gilt die Vorschrift, daß alle Organisationen sich registrieren lassen und um eine staatliche Zustimmung nachsuchen müssen. 1995 wurden kleinere nichtpolitische Demonstrationen gestattet, Demonstrationen aber, die abweichende politische Meinungen ausdrücken sollen, werden sofort unterdrückt.

Zudem kann jede Gruppe über drei Personen, die abweichende politische Meinungen vertritt und in der Öffentlichkeit verbreitet, als eine «konterrevolutionäre Vereinigung» eingestuft werden. Diese «Verbrechen» werden explizit nach dem Grundsatz «Gegen eine kleine Anzahl einen gründlichen Schlag führen, die größere Zahl erziehen!» verfolgt. Nach Paragraph 98 Strafgesetzbuch wird, wer eine «konterrevolutionäre Vereinigung» bildet oder führt, mit Haft nicht unter fünf Jahren bestraft.[139]

Unabhängige Gewerkschaften außerhalb des offiziellen gesamtchinesischen Gewerkschaftsbundes sind verboten. Über die Hälfte aller nichtlandwirtschaftlichen Arbeiter befinden sich außerhalb der staatseigenen Industrie und sind nicht gewerkschaftlich organisiert.

Das Grundrecht auf freie Religionsausübung ist ebenfalls in der Verfassung garantiert. Es besteht aber keine Rechtssicherheit. Lokale religiöse Praktiken (Prozessionen, Tempelfeste) sind nur mit der nicht an geschriebenes Recht gebundenen, also willkürlich zu gewährenden oder zu versagenden Zustimmung der örtlichen Parteiführer durchführbar. Werden religiöse Praktiken untersagt, so geschieht dies mit der Begründung, sie störten die öffentliche Ordnung. Nach einer Dekade größerer Freiheit nach dem Ende der destruktiven Kulturrevolution sind derzeit wieder stärkere Restriktionen wirksam. Das Grundrecht wird auf offiziell anerkannte und staatlich kontrollierte Gruppierungen beschränkt. Der Staat versucht, jeden ausländischen Einfluß auf religiösem Gebiet zu verhindern. Eine ausländische Mission ist nicht erlaubt.

Der Buddhismus genießt die größte Freiheit, ausgenommen ist der Lamaismus Tibets, da er mit politischen Zielen verknüpft ist, die sich aus dem Autonomiestreben des besetzten Landes ergeben. So wurde im Mai 1995 der Abt Cha Tsa Changbazeling festgenommen, der die Suche nach der Wiedergeburt des zweithöchsten buddhistischen Würdenträgers in Tibet, des Pantschen Lama, geleitet hatte. Er wurde daran gehindert, in sein Kloster Tashilunpo, Sitz des Pantschen Lama, zurückzukehren.[140] Zusätzlich wurden 40 Mönche inhaftiert, die an der Auswahl beteiligt waren. Die chinesische Regierung ernannte eigenmächtig einen anderen Nachfolger. Aufgrund von Protesten gegen dieses Vorgehen wurden 27 Personen zwischen dem 27. November und dem 11. Dezember 1995 festgesetzt. Der Verbleib des vom Dalai Lama identifizierten Jungen ist ungewiß.[141]

Die in Peking im Untergrund tätig gewesenen Christen Xu Yonghai, Cao Feng und Liu Fenggang wurden 1995 zu zweieinhalb Jahren «Umerziehung durch Arbeit» verurteilt.[142]

Es existieren eine katholische Untergrundkirche sowie evangelische Hauskirchen. Diese christlichen Kirchen sind der Verfolgung der chinesischen Behörden ausgesetzt.[143] Am 16. Oktober 1993 wurde in dem Ort Dongguzhai in der Provinz Hebei ein von Mitgliedern der Untergrundkirche ohne Zustimmung der Behörden errichtetes Kirchengebäude abgerissen.[144]

Zhang Youshen (* 1928), ein Führer der inoffiziellen katholischen Kirche in Baoding in der Provinz Hebei, wurde im März 1991 nach dem Verfahren «Gewahrsam und Ermittlung» in Haft genommen, weil er einen kritischen Artikel gegen die offizielle katholische Kirche verfaßt (aber nicht veröffentlicht) hatte. Am 2. Juli 1991 wurde er zu drei Jahren «Umerziehung durch Arbeit» verurteilt.[145]

Zwischen Oktober 1994 und Juni 1995 sollen in Xihua[146] in der Provinz Henan über 200 Christen festgenommen worden sein, 40 wurden mehr als einen Monat lang in Gewahrsam gehalten.[147] Im März 1995 wurden Protestanten in einer Hauskirche in Zhoukou in der Provinz Henan belästigt und festgenommen, im April und Mai des gleichen Jahres verhafteten die Behörden im Kreis Fangcheng, Provinz Henan, 140 Evangelisten, die von ihren inoffiziellen Kirchen in alle Teile des Landes gesandt werden sollten, um zu missionieren.

Der Führer der nichtoffiziellen Kirche in Shanghai Xu Guoxing wurde am 14. März 1989 verhaftet und nach intensiven Befragungen am 16. Juni 1990 freigelassen, um am 18. November des gleichen Jahres wieder verhaftet und für drei Jahre in das Umerziehungslager (*laojiao*) Da Feng-Farm in Jiangsu eingewiesen zu werden.[148]

Im Ort Chongren[149] in der Provinz Jiangxi wurden im April 1995 30 römisch-katholische Christen festgenommen, weil sie einen Ostergottesdienst abhielten. Bei der Festnahme sind Personen «schwer geschlagen» worden. Die meisten kamen nach Zahlung einer Geldstrafe von 900 yuan frei, die Christin Rao Yanping (* 1978) wurde zu vier Jahren Gefängnis verurteilt.[150]

Im Kreis Yingshang der Provinz Anhui sollen im Juni 1995 300 Angehörige inoffizieller Hauskirchen verhaftet und mit Geldstrafen von 800 bis 1000 yuan belegt worden sein. Während der Verhaftungen sollen elektrische Schlagstöcke angewandt worden sein.[151] Führende Personen befanden sich im September 1995 noch in Haft.[152]

Der Protestant Zheng Yunsu aus Shandong wurde 1992 festgenommen und zu 12 Jahren Haft verurteilt. Er gehörte wie seine ebenfalls in Haft befindlichen Söhne der Gemeinschaft «Familie Jesu» an. Anwesen der Glaubensgemeinschaft im Ort Duoyiguo, Kreis Weishan, wurden dem Erdboden gleichgemacht.[153]

Im Februar und März 1995 sprengte die Polizei ein Treffen in einer Hauskirche in Huadu bei Guangzhou. Während des Einsatzes im März wurden Gläubige geschlagen.[154] Der Prediger Li Dexian aus Guangzhou wurde 1995 viermal verhaftet und geschlagen, weil er in einer inoffiziellen Hauskirche predigen wollte.

Die beiden Priester der inoffiziellen katholischen Kirche der Provinz Qinghai Qin Guoliang und Li Zhixin wurden im November 1994 zu zwei Jahren Haft in einem Arbeitslager verurteilt.[155]

Neben christlichen Gemeinden müssen auch religiöse Geheimgesellschaften unter der Verfolgung leiden. Anhänger der seit dem Ende des 19. Jahrhunderts vor allem in Nordchina verbreiteten Geheimgesellschaft des «Immer gleichen Weges» (oder «Weges der Einheit» – *Yi'guan'dao*) wurden bereits in den Verfolgungen der 50er Jahre zu hohen Gefängnisstrafen verurteilt und befinden sich immer noch in Lagern. Am 9. Oktober 1983 wurden das Mitglied Lei Yuesheng und fünf weitere Anhänger der *Yi'guan'dao* zum Tode verurteilt. Lei Yuesheng und ein weiterer zum Tode Verurteilter, Luo Sanxing, erhielten zwei Jahre Vollstreckungsaufschub, vier wurden hingerichtet.[156]

Domenach berichtet, daß 1981 in Lantian in der Provinz Shanxi 1347 Mitglieder dieser Geheimgesellschaft getötet worden seien.[157]

1995 nahm die Unterdrückung nichtoffizieller christlicher Kirchen und muslimischer Gruppen zu. Im gleichen Zeitraum erfuhren ethnische Gruppen in Tibet, der Inneren Mongolei und in Xinjiang verstärkte Kontrollen.

Zugriff ohne Grenzen

Der Dschungel der Strafjustiz

Die chinesische Gesetzgebung erfüllt hinsichtlich des Schutzes der Rechte und der Würde einer angeklagten Person auch nicht minimale internationale Standards.[158] Ausgedehnte Zeiten von Isolationshaft sind in politischen und in Kriminalverfahren erlaubt, bevor überhaupt eine Anklage vorgebracht wird und ein Verhandlungstermin anberaumt wurde. Es existiert kein *Habeas corpus*-Verfahren, und in dieser Phase gibt es auch keinen Zugang zu einem Verteidiger. Chinesische Offizielle lehnen es ab, von politischen Gefangenen zu sprechen. Für sie gibt es nur Konterrevolutionäre. Wer Konterrevolutionär ist, definieren die Paragraphen 90, 98 und 102 des Strafgesetzbuches:

> «Konterrevolutionär ist, wer eine Menschenmenge aufwiegelt, sich staatlichen Gesetzen, Anordnungen und Maßnahmen widersetzt, mit konterrevolutionären Aushängen, Flugblättern oder mit sonstigen Mitteln Propaganda treibt, um zum Sturz der Staatsmacht, der Diktatur des Proletariats und des sozialistischen Systems aufzuwiegeln, oder eine konterrevolutionäre Vereinigung organisiert oder anführt.»

Nach dem Wortlaut wären also auch in China die Gedanken frei, allerdings nur so lange, als sie nicht in einer wie auch immer beschränkten Weise geäußert werden: dann kann das Denken schnell zu einem konterrevolutionären Akt werden. Die freie Rede ist insofern schon nach dem Verfassungstext (Artikel 51, 52, 53, 54 der Verfassung von 1982) eingeschränkt, als sie nicht gegen die Interessen des Staates, der Gesellschaft und des Kollektivs verstoßen darf. Die Einschränkungen sollen der Einheit des Landes, dem Schutz der Staatsgeheimnisse und der Sicherheit des Landes sowie der Bewahrung von Ehre und allgemeinem Interesse des Vaterlandes dienen. Diese politischen Ziele lassen eine so weite Auslegung zu, daß jede kritische politische oder künstlerische Äußerung juristisch angegriffen werden kann, wenn es wünschenswert ist. Das Massaker von 1989 in Peking hat deutlich gezeigt, wie ungesichert die Wahrnehmung elementarer Freiheitsrechte ist.[159]

Nach offiziellen Angaben seien 0,28 Prozent aller im Zeitraum 1983 bis 1987 entschiedenen Kriminalfälle konterrevolutionäre Vergehen gewesen, für 1992 wurde dieser Wert mit 0,06 Prozent angegeben. Da politische «Vergehen» unter anderen Rubriken verbucht und verfolgt werden, sank die offizielle Zahl in den 80er Jahren.[160]

Der Justiz steht eine gewisse Auswahl an Maßnahmen zur Verfügung, von denen die «Umerziehung durch Arbeit» und die Maßnahme des «Gewahrsams und der Ermittlung» dazu benutzt werden, die politische Opposition zum Schweigen zu bringen.[161] Die sogenannte «Kontrolle» (*guanzhi*) wird für drei Monate bis zu zwei Jahren verhängt. Der Straffällige arbeitet an seinem Arbeitsplatz weiter, unterliegt aber einer Meldepflicht bei der Polizei.

Die «Gefangenhaltung» erstreckt sich über einen Zeitraum von 15 Tagen bis zu sechs Monaten. Strafen unter 15 Tagen gelten immer als «administrativ» und werden nach den Strafregeln der Sicherheitsbehörde verhängt. Diese Regeln wurden zuerst 1957 aufgestellt und 1986 überarbeitet. Sie werden von der Polizei, nicht von Gerichten angewandt. 1992 wurden zwei Millionen Fälle nach ihnen entschieden, denen «nur» 423 000 gerichtlich entschiedene Anklagen gegenüberstehen.

Die Maßnahme der «Umerziehung durch Arbeit» (*Rehabiliation [reeducation] Through Labour, laojiao* oder *laodong jiaoyang*) wird seit 1957 durchgängig angewandt. 1986 gab es nach offiziellen Angaben 163 Einrichtungen dafür[162], was sich in etwa mit der Angabe von 200 Lagern bei P.-A. Donnet deckt[163], der weiter angibt, es seien während zehn Jahren zwei Millionen Menschen in diesen Lagern gewesen, und die Insassen 1991 auf 400 000 schätzt. Die Maßnahme kann für drei Jahre vorgeschrieben und um ein Jahr verlängert werden. In den 60er und 70er Jahren wurde in zehn Prozent der Fälle die Haftzeit um zwei oder drei Jahre ausgedehnt. Diese Ausdehnung führte in der Vergangenheit notwendig zu dem Verlust der städtischen Registrierung des oder der in Haft Gehaltenen, so daß er oder sie nach Ablauf der Haftzeit nicht mehr in die Heimatstadt zurückkehren konnte. Da inzwischen die Registrierungspflicht aufgrund der umfangreichen Binnenmigration durchlöchert ist, könnte sich diese Folge der Verlängerung gemildert haben. In vielen Fällen blieb solchen Opfern nichts anderes übrig, als mit dem Status eines «freien Arbeiters» unter kaum veränderten Bedingungen im Lagersystem zu verbleiben.

Dieses Mittel ist gegen «konterrevolutionäre, gegen die KP eingestellte und antisozialistische Elemente» gerichtet. Hunderte, wenn nicht Tausende Beteiligte an der Demokratiebewegung von 1989 sind nach diesem Verfahren inhaftiert worden. Auch Menschen mit einem Arbeitsplatz, die es aber über einen langen Zeitraum ablehnen zu arbeiten, Unruhestifter und solche, «die auf Ermahnungen nicht hören werden», werden mit dieser Form der Inhaftierung bestraft. Zu dieser Klasse von Lagern gehören auch die 50 bis 60 Einrichtungen für jugendliche Gesetzesübertreter mit 200 000 bis 300 000 Insassen, die nicht in militärischen Organisationsformen gehalten werden.

Bereits 1955 wurden in Einrichtungen dieser Form 200 000 «kleinere Konterrevolutionäre», die in entsprechenden Kampagnen festgenommen worden waren, eingesperrt. Sie leisteten harte Zwangsarbeit. Die Arbeit wird heute teilweise bezahlt, allerdings mit Löhnen, die 40 Prozent unterhalb des üblichen Niveaus liegen. Zwischen 1958 und 1962 erreichte diese Form der Haft ihre größte Ausdehnung. Da die KP lieferte Bauern, die während der Hungerepidemie des «Großen Sprungs nach vorn»

zu Widerstand gezwungen worden waren, in Umerziehungslager ein. In dem genannten Zeitraum waren zehn Millionen Menschen von dieser Unterdrückungsmaßnahme betroffen. Da die
Ernährung einer solchen Anzahl von Menschen für den Staat
eine zu große Last bedeutete, wurde das System ab 1961 beschnitten. Zwischen 1962 und 1966 befanden sich vier Millionen Menschen in den Umerziehungslagern. Vom Chaos der Kulturrevolution betroffen, wurden diese Lager erst nach 1978
wieder kontrollierte Mittel, die öffentliche Sicherheit im Sinne
der KP aufrechtzuerhalten.

Formal unterscheiden sich die Reedukations-Lager von den
Straflagern für abgeurteilte Opfer darin, daß die Maßnahme zur
Reedukation ohne die Mitwirkung eines Staatsanwaltes nur von
der Polizei ausgesprochen wird, es sich also um einen administrativen Akt zur Disziplinierung auffälliger Personen handelt.
Wenn auch das Vokabular sich von dem in den Straflagern ver-
wandten unterscheidet (es wird nicht von Verhaftungen [*daibu*],
sondern von «in Gewahrsam nehmen» [*shourong*] gesprochen,
nicht von Kriminellen [*fanren*], sondern von Personal [*ren-
yuan*]), so gibt es jedoch organisatorisch keinen fundamentalen
Unterschied zu den Straflagern. Die Umerziehungslager unterliegen einer weniger strengen militärischen Bewachung, weil die
Fluchtgefahr gering ist.

Die wechselseitige Kontrolle im Lager ist ebenso stark wie die
Überwachung der KP außerhalb. 1987 waren 78 Prozent der
Gefangenen unter 35 Jahren, 52 Prozent hatten Hochschul- oder
Mittelschulbildung, 49 Prozent waren wegen Wirtschaftsver-
brechen und 32 Prozent wegen in ihrer Bedeutung äußerst un-
klarer «Verbrechen wider die Moral» inhaftiert,[164] die Ehe-
bruch, Promiskuität und außerehelichen Geschlechtsverkehr
umfassen. Die «Reedukations-Einrichtungen» befinden sich
hauptsächlich in den Provinzhauptstädten, in Städten mit
Provinzstatus (z. B. Shanghai, Peking) und in mittleren und
größeren Städten.[165] Nach chinesischen Angaben sollen 1993

etwa 120000 Menschen in diesen Lagern inhaftiert gewesen sein.[166]

Die Einweisung nehmen «Verwaltungskomitees zur Umerziehung durch Arbeit» vor, die auf den Verwaltungsebenen der Lager eingerichtet wurden. Sie setzen sich aus Vertretern der lokalen Zivilverwaltung, der Polizei und der Arbeitsämter zusammen. Anträge auf Einweisung können die Arbeitseinheit, das Nachbarschaftskomitee (*jumin weiyuanhui, jiedao weiyuanhui*), das Familienoberhaupt oder ein «gesetzlicher Wächter» stellen. Der Antragsteller muß die Tatbestände klären und Ansichten anderer relevanter Parteien einholen und dem Komitee vorlegen. Die Komitees treten einmal im Jahr zusammen und bestätigen dann die Beschlüsse der öffentlichen Sicherheitsorgane, das heißt der Polizei. Die Einweisungen gelten als «gebräuchliche Unterdrückungsmaßnahmen» der Polizei.[167]

Nach der «Entscheidung des Staatsrates bezüglich der Frage der Umerziehung durch Arbeit» von 1957 und nach dem «Erlaß des Staatsrates bezüglich der Übertragung und der Ausgabe von ‹Untersuchungsmaßnahmen zur Umerziehung durch Arbeit› vom Ministerium für öffentliche Sicherheit» 1982 ist die Maßnahme der «Umerziehung» auch gegen sogenannte «Konterrevolutionäre, antisozialistisch und gegen die KP eingestellte Personen» gerichtet.[168] Im Lager werden die Eingewiesenen unter anderem nach Geschlecht, Alter und Art des Vergehens in Brigaden, Gruppen und Untergruppen eingeteilt. Der Tag wird von drei Stunden «Erziehung», bestehend aus politischer, kultureller und technischer Unterweisung, und sechs Stunden Arbeit gefüllt. Die Lehrer werden unter den gutausgebildeten Eingewiesenen ausgewählt, die Arbeit wird in Hinsicht auf spätere Beschäftigungsmöglichkeiten bestimmt. Sie gehört überwiegend zu den Sektoren Landwirtschaft, Handwerk, Fabrikarbeit und Herstellung von Baumaterialien. Wird ein Insasse entlassen, verbleiben seine Personaldokumente bei den Behörden seines Wohnortes, so daß er bei jeder größeren Veränderung seines

Lebenswandels einem Erklärungs- und Rechtfertigungsdruck unterliegt.

Als weitere Form der Bestrafung kann die seit dem 7.9.1954 bestehende Möglichkeit der zwangsweisen Zuweisung eines Arbeitsplatzes (*liuchang jiuye*, euphemistisch: «im Lager verbleibend für eine Anstellung») angesehen werden. Wiederholungstätern und Gefangenen, die eine Flucht versucht haben oder als widerstrebend eingestuft wurden, werden nach Ablauf ihrer ersten Strafzeiten oft einfach ihre alten Lagerarbeitsplätze zugewiesen. Zudem muß die Hälfte der aus *Straf*lagern Entlassenen ebenfalls zugewiesene Arbeitsstellen annehmen. Bei den aus den Umerziehungslagern Zurückkehrenden ist es ein Anteil von 20 bis 30 Prozent, der dieser Regelung unterliegt. Für die zwangsweise zugewiesene Arbeit gibt es keine zeitliche Begrenzung, so daß ein der Umerziehung durch Arbeit Zugewiesener unter Umständen sein Leben lang im Lager bleiben kann.[169]

Insgesamt unterliegen, wie erwähnt, 400000 bis 600000 Menschen jährlich dem System der Umerziehung durch Arbeit. Von 1980 bis 1990 waren vier bis sechs Millionen Menschen davon betroffen, insgesamt seit Bestehen des Systems acht bis zehn Millionen. Seit den 90er Jahren sollen die meisten Insassen nach Ablauf ihrer Haftzeiten entlassen werden, da sie in dem aufblühenden Privatsektor der Volkswirtschaft Arbeitsstellen finden können.[170]

Was die Straflager angeht, so muß der «Strafdienst» in Arbeitslagern zwischen sechs Monaten und 15 Jahren (20 Jahren bei mehreren Verbrechen) oder lebenslang ausgeübt werden. Er besteht aus harter körperlicher Arbeit. Prominente Regimekritiker, vor allem die nach 1989 in Haft gekommenen, müssen besonders schwere Zwangsarbeit verrichten, deren Norm über der der Mitgefangenen liegt. Prügel sind an der Tagesordnung. Die Anzahl politischer Gefangener hat von den 50er Jahren, als sogenannte «Landherren und Kapitalisten» verfolgt wurden, auf etwa zehn Prozent aller Insassen abgenommen.

Administrative Strafe
Haft ohne Gerichtsverfahren

Historisch gesehen hat sich in der Volksrepublik China ein doppeltes System staatlicher Zwangsmittel zur sozialen Kontrolle entwickelt: eine Ahndung krimineller Handlungen (oder als solche definierter Verhaltensweisen) nach dem Kriminalstrafrecht und nach administrativen Regelungen. Irreguläre Gerichtsverfahren sind üblich. Aber auch völlig ohne Verfahren kann für drei Jahre Umerziehung durch Arbeit (*laodong jiaoyang*) aufgrund einer Verwaltungsanordnung durchgeführt werden, die die Polizei oder die Justizbehörden nach eigenem Ermessen aussprechen können. Diese Maßnahme ist in der Bevölkerung gefürchtet, da es offensichtlich keine Rechtsmittel gibt. Bis in die 70er Jahre konnte diese «Maßnahme» auch von Arbeitseinheiten (*danwei*) und Einwohnerkomitees verhängt werden. In dieser Epoche hatte dieses Repressionsmittel größere Bedeutung als Gerichtsurteile. In den 70er Jahren waren zehn Prozent aller Inhaftierungen von Arbeitseinheiten veranlaßt worden.[171] Administrative Maßnahmen konnten willkürlich verhängt und auf unabsehbare Zeit ausgedehnt werden. Sie unterlagen keiner gerichtlichen Überprüfung.

Heute können administrative Entscheidungen nach dem «Administrative Litigation Law» von 1990 und den «Administrative Review Regulations» von 1991 vor Gerichten angefochten werden. Eppstein vermutet, daß zwar die unrechtmäßige Freiheitsentziehung damit nicht ausgeschlossen werden wird, daß aber insgesamt eine Verkürzung der Haftzeiten erreicht werden kann.[172] Der Staatsanwalt Zhang Siqing trug im März 1995 dem Nationalen Volkskongreß vor, daß die Generalstaatsanwaltschaft in 4441 illegalen Haftfällen ermittelte, in die 316 Justizbeamte verwickelt waren. Darin sind sowohl Festnahmen in Handelskonflikten als auch aus politischen Gründen angeordnete enthalten.[173]

Tabelle 1: Juristische und administrative Formen der Haft

	Untersuchungshaft	Gewahrsam und Ermittlung	Gefängnis	«Umerziehung durch Arbeit»	Straflager
Ausübendes Organ/veranlassende Autorität	Polizei oder Justiz (Staatsanwaltschaft)	Polizei	Justiz (Gerichte)	Polizei bzw. Verwaltungskomitee zur Umerziehung durch Arbeit	Justiz (Gerichte)
Kontrollorgan	–	–	Justiz (Gerichte)	Justiz (Gerichte)	Justiz (Gerichte)
Dauer — nominell	10 Tage, danach entweder ordentliche Haft oder Freilassung	1 Monat (um 2 Monate verlängerbar)	5 Jahre bis lebenslänglich. Todesstrafe mit 2 Jahren Aufschub	3 Jahre (um 1 Jahr verlängerbar)	6 Monate, 15, 20 Jahre bis lebenslänglich
Dauer — real	unbefristet	bis zu 4 Jahre	wie nominell	bis 1978 unbefristet, seitdem unbekannt	wie nominell
Ziel — nominell	Ermittlung, wenn Identität bekannt	Ermittlung, wenn Identität unbekannt oder unklar	Strafverbüßung	Reedukation	Strafverbüßung
Ziel — real	Bestrafung von Dissidenten	Bestrafung und Zum-Schweigenbringen von Oppositionellen	wie nominell	Prolongierte Inhaftierung und Bestrafung von Dissidenten	Dauernde Isolation und Bestrafung von Dissidenten
Anzahl der Einrichtungen	3 «große» Gefängnisse pro Provinz	639 (80er Jahre)	111[1], 685[2], 2.500[3]	163[4], ~200[5], (+50–60 für Jugendliche)	600 (ca. 20 je Provinz)
Anzahl der Inhaftierten	126000–600000	400000 (1991)	220000–330000[6] 750000–1,25 Mio.[7]	offiziell 1993: 120000 real: 1980–90: 4–6 Mio.	3–4 Mio.

[1] Koch-Mirumond, Lydie: La Chine et les droits de l'homme, Paris 1991. [2] U.S. Department of State: Human Rights Report 1995, China Human Rights Practices, Washington 1995. [3] Domenach, Jea Luc: Der vergessene Archipel, Hamburg 1995. [4] The Chinese Academy of Social Sciences: Countries of the World Information Series, Information China Pergamon, Oxford, New York 1989. [5] Domenach, Jean Luc: a.a.O. [6] Koch-Miramond, Lydie: a.a.O. [7] Jean Luc Domenach, siehe Literaturverzeichnis

Nach dem Gesetz müßte die Polizei Angehörige eines Verhafteten innerhalb von 24 Stunden über seinen Aufenthaltsort informieren, verstößt aber regelmäßig dagegen. Dabei berufen sich die Sicherheitsbehörden auf unveröffentlichte Regelungen über «Gewahrsam und Ermittlung» (*shourong shencha, shelter and investigation*) und den «überwachten Aufenthalt» (*jianshi juzhu*). Für beide Maßnahmen ist keine staatsanwaltliche Billigung notwendig. Diese Praxis soll angeblich durch ein Dokument des Staatsrates 1980 aufgehoben worden sein, wird aber nach wie vor geübt.[174]

Nach den sozialen Verwüstungen des «Großen Sprungs nach vorn» waren 1961 die «Gewahrsame» eingerichtet worden, um mit mobilen Kleinkriminellen umgehen zu können. Gegen Ende der 80er Jahre soll es 639 solcher Einrichtungen gegeben haben.[175] 1978 wurde das Verfahren zum erstenmal vom Ministerium für öffentliche Sicherheit kritisiert und in einem Erlaß geregelt. Die Kritik bezog sich auf die zu lang ausgedehnte Dauer des Freiheitsentzugs und nicht näher bezeichnete schwere Rechtsverstöße bei der Durchführung.[176] 1980 wurde von einer Zusammenlegung von «Gewahrsamen», «Lagern für Umerziehung durch Arbeit» und Arbeitslagern gesprochen. Inwieweit eine Vermischung stattgefunden hat, ist indessen unklar, denn 1984 wurden wiederum detaillierte Anweisungen für die Organisation von «Gewahrsamen» erlassen. Nach den Vorschriften ist die Zeit der Freiheitsentziehung im Gewahrsam auf einen Monat beschränkt, kann aber um zwei Monate verlängert werden. Die Maßnahme wird von den untersten Polizeistationen mit Zustimmung der nächsthöheren Stationen auf regionaler oder städtischer Ebene verhängt. «Gewahrsam und Ermittlung» soll auf durchreisende oder solche Rechtsbrecher beschränkt sein, die ihre Identität verbergen. Diese administrativen Verfahren werden aber dazu mißbraucht, politisch Verdächtige für Monate oder sogar Jahre in «Vorbeugungshaft» zu halten, bis entschieden ist, wie mit ihnen weiter verfahren werden soll.[177]

Insbesondere Teilnehmer der 89er Demokratiebewegung wurden Opfer dieser Praxis.[178] Der demokratische Dissident Liu Qing wurde 1990 180 Tage in Gewahrsam gehalten: unter dem abwegigen Vorwurf, er halte sich unberechtigt im Haus seiner Mutter (in Peking) auf. Weder war seine Identität unbekannt, noch war er auf der Durchreise. Wei Jingsheng wurde nach seiner Entlassung 1994 sogar 18 Monate in «Gewahrsam» gehalten, bevor er wegen «umstürzlerischer Aktivitäten» erneut verurteilt wurde.[179] 1988 befanden sich 1,5 Millionen Menschen in «Gewahrsam», 1989 930000 und 1990 902000.[180] Für 1991 gibt P.-A. Donnet eine Zahl von 400000 Menschen in administrativer Haft an.[181]

Nach einem Erlaß des Ministeriums für öffentliche Sicherheit[182] soll über Personen in Haft nach dem Verfahren «Gewahrsam und Ermittlung» nichts an öffentliche Medien mitgeteilt werden, sondern ihre Lage soll in verschleiernder Weise dargestellt werden.

Das Verfahren ist in der Rechtsdiskussion 1989 in der Volksrepublik China selbst vor allem deshalb kritisiert worden, weil es auf keiner gesetzlichen Grundlage beruht.[183] Die Verstöße gegen demokratische Rechte der Inhaftierten werden deutlich gesehen, und es wird festgestellt, daß es keine Unterschiede zur Untersuchungshaft gibt. Die chinesischen Kritiker führen selbst an, daß die Zahl der nach diesem Verfahren inhaftierten Personen zu groß ist, daß nämlich nur 60 Prozent, in einigen Fällen nur 40 Prozent der Inhaftierten tatsächlich zu dem Personenkreis gehörten, für den das Verfahren gelten soll. Auch bestätigen die chinesischen Autoren, daß die Dauer der Haft weit über die vorgesehenen Grenzen ausgedehnt wird und zum Teil bis zu vier Jahren beträgt. Die Umsetzung der Forderung, das Verfahren in den Raum des Strafrechts einzubeziehen, also die rein administrative Vorgehensweise aufzugeben, ist nach der Niederschlagung der Demokratiebewegung 1989 von Konservativen verhindert worden.

Paragraph 43 des Strafverfahrensrechts erlaubt den Sicherheitsbehörden, keine Benachrichtigung vorzunehmen, wenn sie die Ermittlungen behindern würde oder es keine Möglichkeit der Benachrichtigung gibt.[184] Die Polizei hat damit einen sehr großen Spielraum, eine Benachrichtigung zu umgehen. Kaum je werden Familien in politisch begründeten Fällen informiert.

Bei Personen, die festgenommen wurden, aber nicht die Kriterien für den Gewahrsam erfüllen, muß nach dem Strafverfahrensrecht die vorläufige Haft nach zehn Tagen durch einen Akt der Staatsanwaltschaft in reguläre Untersuchungshaft umgewandelt oder der Verhaftete freigelassen werden. Zur Begründung anhaltender Haft ist es nötig, daß «die hauptsächlichen Tatbestände des Rechtsverstoßes schon geklärt worden sind» und daß es sich um ein Vergehen handelt, das mit Haft bestraft wird. Nach internationalem Standard ist die mögliche Dauer der vorläufigen Haft zu lang; in der Interpretation des Rechtskomitees der Vereinten Nationen sollte sie nicht länger als «einige Tage» dauern, bis die Haftgründe von einem Richter geprüft werden.

In der Praxis werden aber Untersuchung und Bestrafung vermischt, wobei es jeder Überwachung ermangelt. In Shanghai gibt es zwölf bis 20 solcher Untersuchungsgefängnisse (*detention center, kanshousuo*), in denen 2500 bis 3000 Personen ohne Gerichtsurteil einsitzen, also etwa 200 Personen je Einrichtung. (Der Shanghaier Anwalt und Journalist Zhang Weiguo war 1991 für eine längere Zeit in einer solchen Einrichtung festgehalten worden.[185]) Insgesamt sollen sich 500000 bis 600000 Menschen in Untersuchungshaft befinden.[186]

Auch gibt es willkürliche Verhaftungen, nach der Aussage des Generalstaatsanwaltes Zhang Siqing im Jahre 1993 rund 400.[187] Sein Vorgänger im Amt Liu Fuzhi sprach in seinem Justizbericht vor dem Nationalen Volkskongreß 1993 von 15000 illegalen Festnahmen, die unter anderem auf Familienstreitigkeiten und Auseinandersetzungen um Geld zurückgingen.[188]

Angehörige des Verhafteten können nach zehn Tagen seine Freilassung verlangen. Es ist aber unbekannt, in welchem Maße diese Bestimmung verwirklicht wird und wie verfahren wird, wenn das Gesuch abgelehnt wird. Es sind jedenfalls dann keine Rechtsmittel möglich.[189] In manchen Fällen wird auch die Untersuchungshaft zur unbefristeten Inhaftierung.[190] Es kommt vor, daß Inhaftierte ohne Urteil in der langen Untersuchungshaft versterben.[191] Allerdings ist unklar, in welchem Maße die Möglichkeiten der Untersuchungshaft mißbraucht werden.[192] Der Literat Liu Xiaobo wurde am 6. Juni 1989 festgenommen, aber erst am 17. November 1990 begann die offizielle Untersuchungshaft. (Nach seiner Verurteilung am 16. Januar 1991 mußte er seine Strafzeit nicht «absitzen».) Im Falle Bao Tong (* 1934), des Beraters von Zhao Ziyang, wurde erst zweieinhalb Jahre nach seiner Festnahme die offizielle Untersuchungshaft bekanntgegeben (er wurde im Juli 1992 wegen «konterrevolutionärer Propaganda und Aufstachelung» zu sieben Jahren Haft verurteilt).[193]

Nach der Fassung des Strafverfahrensrechts von 1979 sollte spätestens sechs Monate (nach der Fassung von 1982 60 Tage) nach der Inhaftierung eine Verhandlung stattfinden, eine Bestimmung, die von der Polizei ständig ignoriert wird. Es ist unklar, nach welcher Regelung derzeit verfahren wird. Der Oppositionelle Yang Wei wurde am 11. 1. 1987 verhaftet und erst nach elf Monaten, im Dezember 1987, verurteilt. Die prominenten Studentenführer von 1989 waren meist länger als ein Jahr in Haft, bevor ihre Gerichtsverfahren begannen. Wang Dan (* 1971) wurde im Juli 1989 festgenommen und am 23. Januar 1991 zu vier Jahren Haft verurteilt (er wurde am 17. Februar 1993 einige Monate vor Ende der Haftdauer freigelassen). Die Bestimmungen des Strafverfahrensrechts hinsichtlich der Untersuchungshaft werden in politischen Fällen fast immer durch die Anwendung «administrativen Gewahrsams» umgangen.

Das chinesische Gerichtssystem erstreckt sich über vier Ebenen: Dorf- und Bezirksebene, Stadt- und Kreisebene, Provinzialgerichte und Höchster Volksgerichtshof. Die Gerichte mittlerer Ebene sind für solche Fälle zuständig, in denen die Todesstrafe oder die lebenslängliche Haft ausgesprochen werden können. Sie bestehen aus einem Richter und zwei Assistenten. Bei Berufungsverhandlungen oder Protesten gegen ein Verfahren der ersten Instanz besteht das Gericht aus drei bis vier Richtern. In Berufungen prüft es die Beweise und kann auch Zeugen hören. Sechs Wochen nach Beginn des Verfahrens soll eine Entscheidung vorliegen. Im Falle der Todesstrafe muß inzwischen der Höchste Gerichtshof nicht mehr zustimmen – die Zahl der Todesurteile war zu groß geworden! Er kann seine Kompetenz dem Höchsten Gericht der Provinz, der autonomen Region oder der Stadt übertragen. Auch für den Fall, daß ein Verurteilter das Höchste Gericht nicht anruft, bestätigen die höchsten Gerichte der jeweiligen Verwaltungseinheit das Urteil. Durch die Möglichkeit der Delegation werden die Exekutionen innerhalb von Tagen nach der Verhaftung und dem unmittelbar folgenden Prozeß durchgeführt.

Das Gerichtspersonal hat teilweise überhaupt keine juristische Ausbildung. In den unteren Volksgerichten wirken oft demobilisierte Soldaten und Veteranenkader als Richter, die zumeist nach ihrem Gefühl und nach politischen Erwägungen und nicht nach den Gesetzestexten entscheiden. Vor allem in den Prozessen gegen Dissidenten überwiegen rein politisch motivierte Urteile.[194] Nahezu alle Gerichtspräsidenten sind Mitglieder der KP, so daß die politische Kontrolle durch die Partei immer gewährleistet ist. Der Präsident des Obersten Volksgerichtes berichtete dem Nationalen Volkskongreß, daß die Justiz im Jahr 1994 1094 an Gerichten Tätige wegen rechtswidriger Amtsausübung disziplinierte und daß 34 Richter strafrechtlich belangt wurden. Im Februar 1995 verabschiedete der Nationale Volkskongreß drei neue Gesetze, die im Juli in Kraft traten, um die berufliche Kompetenz von Richtern, Staatsanwälten und Polizisten zu vergrößern.[195]

Die chinesischen Gerichte sind derzeit aus politischen Gründen noch zu schwach, um administrative Regelungen als unwirksam zu erklären, selbst wenn diese nicht mit dem allgemeinen Recht übereinstimmen. Die Gerichte vermögen nicht, ihre Unabhängigkeit zu behaupten und den Wünschen der Exekutive den Geist des Rechts entgegenzusetzen.[196]

Gerichtsverfahren

Vor den Prozessen gilt keine Unschuldsvermutung, und die Angeklagten haben erst seit 1986 ein Recht auf Rechtsbeistand während der Untersuchungshaft. Von dem Verteidiger wird als Angestelltem des Staates erwartet, daß er Staatsanwalt und Richter hilft, das Verbrechen zu bekämpfen.

Die Kriminalgerichte entscheiden auf der Grundlage des 1980 reformierten Strafrechts, doch gibt es keine richterliche Unabhängigkeit; Entscheidungen werden vielmehr nach Maßgabe der politisch begründeten Vorgaben der Partei vor den Prozessen gefällt.[197] Dieses Verfahren ist so bekannt, daß es sprichwörtlich in die Umgangssprache einging («Zuerst urteilen, dann verhandeln» – *xianpan houshen*) und daß sich sogar die chinesische Presse mit Kritik daran gemeldet hat.

In wichtigen, also politisch bedeutsamen, Fällen entscheidet das jeweilige »Politische Rechtskomitee der KP» (*Zhengfa weiyuanhui*), ein Organ, dessen Aufgabe es ursprünglich sein sollte, die Arbeit von Polizei, Staatsanwaltschaft und Gericht zu koordinieren, das aber tatsächlich die Leitung dieser genannten Institutionen innehat.[198] Dieses Organ kann eingreifen, ohne dazu aufgefordert zu werden. So scheinen alle «Tiananmen-

Fälle» von solchen Gremien vorentschieden und den Gerichten diktiert worden zu sein. Zusätzlich bilden in jedem Gericht die ranghöchsten Richter ein Gremium (Schiedskomitee, *shenpan weiyuanhui*[199]), das politisch motivierte Urteile vorgibt[200], wenn es der Gerichtspräsident in einem bestimmten Fall für nötig ansieht. Die Schiedskomitees urteilen nur nach Aktenlage, ohne den Angeklagten oder den Verteidiger zu hören. Das Gericht ist an die Vorgabe gebunden, auch wenn es der Entscheidung nicht beipflichtet.

Weil es insgesamt an Richtern und Rechtsanwälten mangelt, aber auch, um dem vordringlichen innenpolitischen Ziel der Stabilität und Einheit Rechnung zu tragen, sind – gewissermaßen im Vorfeld der Justiz – Möglichkeiten der Vermittlung und der außerjuristischen Sanktion in die Machtvollkommenheiten von Nachbarschaftskomitees, Polizei und Vorgesetzten in den Verwaltungen gelegt.

In diesem Zusammenhang ist darauf hinzuweisen, daß in einer Ergänzung zu dem Strafverfahrensrecht (*Criminal Procedure Law*) von 1979 die Haftdauer, die die Polizei oder die Staatsanwaltschaft festlegen können, von drei auf sechs Monate verlängert worden ist, darüber hinaus auf einen längeren Zeitraum, wenn «die Umstände des Falles komplex sind». Das bedeutet, es ist eine Frage der Interpretation des Begriffes «komplex», wie lange jemand ohne Gerichtsverfahren eingesperrt werden kann. Allerdings muß die fristlose Inhaftierung vom Höchsten Volksgericht beim Ständigen Komitee des Nationalen Volkskongresses beantragt werden.[201]

Nach dem Strafverfahrensrecht ist die Öffentlichkeit des Verfahrens garantiert, es sei denn bei Verfahren gegen Jugendliche oder wenn Staatsgeheimnisse betroffen sind oder aber «persönliche Geheimnisse» oder Staatsgeheimnisse zur Sprache kommen. Bei politischen Prozessen werden diese Einschränkungen benutzt, um die Öffentlichkeit auszuschließen oder nur eine ausgewählte Öffentlichkeit zuzulassen.[202] Es werden aber auch fadenscheinige Ausreden angewandt, um die Öffentlichkeit fernzuhalten, so die Behauptung, es seien im Saal keine Sitzplätze vorhanden.[203] Ausländischen Beobachtern, insbesondere Journalisten, wird die Teilnahme an Prozessen in der Regel verwehrt, es sei denn, sie sind mit einem angeklagten ausländischen Bürger verbunden. Das Höchste Volksgericht hat festgelegt, daß es in Fällen, in denen es um «konterrevolutionäre Akte» geht, «Ausländern und ausländischen Journalisten im allgemeinen nicht gestattet ist, als Besucher [während der Verhandlungen] anwesend zu sein oder für die Presse zu berichten».[204] Die Teilnahme an politischen Prozessen in China ist unmöglich. Anfragen verschiedener Organisationen wie *Asia Watch*, *Amnesty International* und anderer Menschenrechtsorganisationen wurden nicht beantwortet.[205]

Von den Angeklagten werden Geständnisse im Sinne der Anklage erwartet. Es gilt der Grundsatz «Milde für diejenigen, die gestehen, Härte gegen die, die Widerstand leisten, Ermäßigung der Strafe für diejenigen, die sich verdient machen, Belohnungen für große Verdienste». Unter einem Geständnis verstehen die Ankläger und Richter, daß alles berichtet wird, was der Staat erwartet, «Verdienste» heißt Denunziation, ein «großes Verdienst» ist die Denunziation wichtiger Oppositioneller. Diese Regel wurde bereits 1956 von dem Mitglied des Politbüros Dong Biwu formuliert[206] und scheint bis heute in Geltung zu sein. Wenn kein «Geständnis» abgelegt wird, gilt das als Widerstand und provoziert ein rücksichtsloses Vorgehen des Justizapparates gegen das Opfer.[207]

Die Gerichtsverfahren sind insbesondere in den politischen Fällen «oftmals kaum mehr als eine Formalität». Sie stellen keine unabhängige Instanz dar, sondern werden, wie der Präsident des Obersten Volksgerichtes Ren Jianxin 1995 ausführte, «von der Partei geleitet».[208]

Nach der Machtergreifung der KP 1949 wurden sofort sämtliche Gesetze aufgehoben und damit auch die Institution der Anwaltschaft. Nach ersten «Säuberungen» ohne gesetzliche Basis begann 1952 der Aufbau eines «sozialistischen Rechtssystems», zu dem bis 1957 rund 3000 Anwälte gehörten, die dem Ministerium für Justiz unterstellt waren. Auf die vermeintlich liberale Aufforderung zur Kritik während der Kampagne «Laßt hundert Blumen blühen und hundert Schulen streiten» verlangten die Anwälte größere Unabhängigkeit und stellten sogar die Abhängigkeit der Justiz von der KP in Frage. In der folgenden «Kampagne gegen Rechts» ging die KP gegen sie vor, indem sie die Anwälte als «rechte Elemente» in Lager zur «Umerziehung durch Arbeit» einwies. 1959 wurde sogar das Justizministerium aufgelöst. Unmittelbar vor der Kulturrevolution gab es eine kurze Renaissance für die Anwälte; sie verschwanden aber dann erneut zusammen mit allen Gesetzen im Chaos der Ereignisse zwischen 1966 und 1976. Zu Beginn der Reformära wurde 1978 das Recht auf Rechtsbeistand in die Verfassung aufgenommen, und die Anwälte der 50er Jahre begannen, eine neue Juristengeneration auszubilden. 1980 wurden die ersten Regeln für Anwälte (*Lawyers' Regulations*) seit 1949 formuliert. Im Oktober 1990 gab es in der Volksrepublik China ungefähr 3700 vom Staat abhängige «Rechtsfirmen», das heißt Anwaltskanzleien. Von 50000 Anwälten im Jahr 1991 waren weniger als die Hälfte Vollzeitangestellte solcher «Rechtsfirmen», der Rest war gezwungen, in Teilzeitarbeit als Anwalt zu wirken.[209]

Die Arbeit der Anwälte[210] wird vom Justizministerium überwacht, von dem der «Allchinesische Anwaltsverein» abhängig ist. Regionale «Justizbüros» haben die Jurisdiktion über die Anwaltsvereine auf Provinz- oder Stadtebene. Die meisten Anwälte sind Angestellte staatlicher Firmen. Seit 1988 wird mit Anwaltskooperativen experimentiert, die einen halbprivaten Charakter haben. Um Anwalt zu werden, muß man eine landesweit zentral organisierte Prüfung (alle zwei Jahre) ablegen. Danach benötigt der Kandidat die Zustimmung des Provinzjustizbüros, das auch seine «Denkweise und sein Verhalten» prüft. Wer aus der KP ausgeschlossen wurde, kann nicht Anwalt werden. Nach einem Jahr Praxis kann mit Zustimmung der Firma, in der das Praktikum abgelegt wurde, eine Zulassung des regionalen und des Provinzialjustizbüros erlangt werden. Die Zulassung muß jährlich erneuert werden. Dazu sind die bearbeiteten Fälle einzureichen. Bei der Prüfung der Unterlagen können politisch mißliebige Anwälte ausgeschlossen werden.

Die Funktion der Strafverteidiger ist es, auf mildernde Umstände des Gesetzesverstoßes hinzuweisen, aber auch im Sinne der offiziellen Ideologie auf Verwandte des Angeklagten einzuwirken. Von den Verteidigern wird erwartet, daß sie sich loyal zur Sache des Sozialismus und des Volkes verhalten. Strafverteidiger spielen im allgemeinen eine passive Rolle in den Verfahren.[211] Plant ein Anwalt, von der Unschuld des Angeklagten auszugehen, muß er oft die Erlaubnis des Staates einholen![212]

Den schwierigen Hintergrund der Strafverteidigung scheint immer noch die in den späten 50er Jahren verbreitete Meinung zu bilden, daß ein guter Staatsbürger immer auf der Seite des Staates (und damit der KP) zu stehen habe und deshalb nicht gleichzeitig die Interessen einer Person vertreten könne, die den Staat durch einen Rechtsverstoß herausgefordert habe.[213] Ein einmal Angeklagter gilt als Krimineller, der wiederum tendenziell aus dem «Volk» ausgegrenzt wird. Einige Verteidiger aus politischen Gründen Angeklagter verloren durch ihr Engagement die Anwaltslizenz. Die verdrehte Logik liegt darin, daß sich der Verteidiger mit dem Gesetzesbrecher, mit dem Feind, identifiziere.

Nach den Paragraphen 26 und 27 des Strafverfahrensrechtes hat der Angeklagte das Recht auf Verteidigung. Die Beweislast für seine Unschuld oder seine Schuld an einem geringeren Ver-

gehen, als ihm angelastet wird, liegt bei ihm. Nach dem Strafverfahrensrecht können Verteidiger erst tätig werden, wenn die
Staatsanwaltschaft die Anklageschrift dem zuständigen Gericht
eingereicht hat. Die Übernahme von Fällen, in denen sogenannte
«Konterrevolutionäre», also aus politischen Gründen Angeklagte, vor Gericht stehen, muß dem lokalen Justizbüro ange-
zeigt werden.[214] Das Gericht muß erst sieben Tage vor Prozeßbe-
ginn dem Beklagten die Anklage aushändigen und ihn davon in
Kenntnis setzen, daß er zu diesem Zeitpunkt einen Verteidiger
ernennen kann. Gewöhnlich hat ein Anwalt also nicht mehr als
eine Woche Zeit, sich mit dem Fall zu beschäftigen. Während
der langen Untersuchungshaft konnte zunächst kein Anwalt
tätig werden, eine Bestimmung, die spätestens seit 1986 aufgehoben ist.[215]

Der Anwalt ist gehalten, solche Informationen aus seinen
Kontakten mit dem Inhaftierten an die Sicherheitsorgane weiter-
zugeben, die sie zum «Verständnis» der Angelegenheit benöti-
gen. Die genannten minimalen Fristen sind 1983 für Rechtsverstöße, «die die öffentliche Sicherheit gefährdeten», aufgehoben
worden. Die Zahl der Kriminalfälle, in denen die Angeklagten
von Anwälten vertreten werden, schwankt zwischen 50 und
80 Prozent. In Tibet werden offensichtlich sämtliche politischen
Verfahren ohne Verteidiger durchgeführt! Dennoch stellt Timothy A. Gelatt mit verhaltenem Optimismus fest, daß die Anwälte
Chinas, was die Ausdehnung ihrer Arbeitsmöglichkeiten angeht, in den 80er Jahren innerhalb der Grenzen des Einparteien-
staates große Erfolge aufzuweisen haben.[216]

Es gibt einen Regierungsentwurf zu einem Anwaltsgesetz, das
den Charakter des Verhältnisses zwischen Anwalt und Klient
klären, die professionellen Anforderungen erhöhen, die meisten
Anwälte aus der Einbindung in Staatsbetriebe befreien und die
Möglichkeiten der Bürger erweitern wird, ihre rechtmäßigen
Interessen durchzusetzen. Das Gesetz war Ende 1995 noch nicht
verabschiedet.[217]

Die Lage

Die Situation in den Gefängnissen und Lagern während der Kulturrevolution ist gut dokumentiert. Gegenwärtig ist es nicht ohne weiteres möglich anzugeben, inwieweit sich die Verhältnisse graduell oder grundsätzlich zum Besseren gewandelt haben. Jedenfalls ist mit Harry Wu festzustellen, daß das System der Zwangsarbeit in den Lagern erst dann verschwinden wird, wenn die totalitäre Herrschaftsform selbst verschwindet.[218] Das chinesische Strafsystem erfüllt einen doppelten Zweck: Zunächst bietet es nahezu kostenlose Arbeitskräfte; anfangs waren bei der Gestaltung des Systems wirtschaftliche Überlegungen wichtiger als politische Ziele. Die ökonomische Bedeutung der Zwangsarbeit nahm allerdings ab, so daß unter dem ideologischen Schlagwort der «Gedankenreform» das Ziel der totalen Beherrschung abweichender Personen in den Vordergrund trat: Menschen durch die Strafe zu zerbrechen.[219]

Opfer der Kulturrevolution berichteten 1982 aus Lagern im Südwesten Chinas, daß aufgrund der mangelhaften Ernährung vier von zehn Gefangenen starben. Die Lager waren «schwarze Löcher der Verzweiflung», in denen die Nahrung knapp, die Arbeit hart und die Strafen grausam waren.[220]

Die 70 Jahre alte ehemalige Gefangene Wang berichtete, daß sie während 21 Jahren Haft zusammen mit zwei Mitgefangenen einen Kohlenwagen an einem über ihre Schulter gespannten Strick gezogen hatte. Sie arbeiteten sieben Tage in der Woche, nur mit kurzen Pausen für das Essen, das zweimal am Tag aus etwa 450 Gramm Reis und einer dünnen Kohlsuppe bestand. Sie hatte ein andauerndes Hungergefühl. Während Krisen, etwa im «Großen Sprung nach vorn» (1959–1961), wurde die Ration noch gekürzt. Während der Kulturrevolution lebten die Gefangenen nur von Reis und Öl. Nach dem Abendessen mußten sie entweder weiterarbeiten oder an bis zu zwei Stunden dauernden politischen Schulungen teilnehmen, die in der Lektüre der Parteipresse bestanden. Während der landwirtschaftlichen Saison hatte jeder Gefangene am Tag sieben Zentner Gras mit einer Sichel zu schneiden. Nach dem Abendessen mußte noch einmal Gras geschnitten werden, oder es folgten Schulungen. Wang sagte, in ihrem Lager sei niemand an den Folgen von Schlägen des Wachpersonals gestorben. Fluchtversuche wurden streng geahndet, indem die Gefangenen eingesperrt, geschlagen und der Kritik anderer ausgesetzt wurden. Streiks wurden ebenso-hart bestraft, doch sollen 20 bis 30 Prozent der Inhaftierten durch Arbeitsverweigerung rebelliert haben. Ärzte schrieben nur denjenigen krank, der sie bestechen konnte. Kranke mußten in der Regel weiterarbeiten. Während ihrer 21jährigen Haft, so sagte Wang, seien Tausende infolge der schlechten Behandlung gestorben. In Zeiten von Nahrungsmittelknappheit oder ungün-stiger Wetterbedingungen starben bis zu 40 Prozent der Insas-sen.

Kaum anders klingt der Bericht[221] eines 70jährigen ehemali-gen Häftlings aus Datong in der Provinz Shanxi, der 23 Jahre in Haft zugebracht hatte. Er habe die 23 Jahre hindurch Kohle-brocken nur mit seinen Händen aufgelesen, nachdem er als amerikanischer Spion verurteilt worden war. Die Arbeit dauerte von 6 bis 18 Uhr. Alle 14 Tage gab es einen arbeitsfreien Tag. Wenn das nach gefüllten Körben gemessene Tagespensum nicht erfüllt wurde, wurde dies als schlechte Führung angesehen und mit Essensverknappung oder Einzelhaft bestraft. Das Früh-stück bestand aus einer wässerigen Suppe oder Reisbrei, das übrige Essen aus Dampfknödeln von Maismehl. Zweimal im Monat habe es Fleisch gegeben, das aber nur aus kleinen Stücken fast reinen Fettes bestanden habe. Dennoch sei es von den Ge-fangenen glücklich verschlungen worden, weil sie nichts anderes bekamen.

Seit 1979 wurden Opfer der Kulturrevolution rehabilitiert. Die beginnende Reformperiode gab Anlaß zu Hoffnungen auf die Erweiterung von Freiheits- und Mitwirkungsrechten. Doch erhielten die ominösen «Vier Grundprinzipien» 1982 Verfassungsrang. Sie stellen das Richtmaß für Abweichungen von der Konformität dar. Grundrechte stehen zwar im Verfassungstext, doch fehlen die Bedingungen ihrer Durchsetzung, etwa Gewaltenteilung mit einer unabhängigen Justiz. Jedoch nahmen in der Reformepoche informelle, nicht gesicherte Freiheiten zu, das Politische wurde aus dem privaten Sektor zurückgenommmen.

China war 1948 nicht an der Verabschiedung der Allgemeinen Erklärung der Menschenrechte durch die UN-Vollversammlung beteiligt. Der Internationale Pakt über bürgerliche und kulturelle Rechte von 1966 wurde nicht ratifiziert. In den 80er Jahren ist China jedoch der Menschenrechtskommission der UN beigetreten und vollzog auch die Ratifizierung spezieller Menschenrechtskonventionen, unter anderem des Übereinkommens gegen Folter und andere grausame, unmenschliche oder erniedrigende Behandlung oder Bestrafung. Einer kooperativen Haltung auf dem diplomatischen Parkett steht im Inneren die repressive Praxis gegenüber. Die sogenannten «Konterrevolutionäre», die politischen Gefangenen, «schweben in der ständigen Gefahr, Folterungen zu erleiden». Ein gewisser Schutz besteht nach Meinung von *amnesty international* dann, wenn sie die Anonymität durch übernationale Kontakte zu durchbrechen vermögen.[222]

Der Anteil der politischen Gefangenen hat abgenommen: Waren Anfang der fünfziger Jahre 80 Prozent der Insassen politische Gefangene, so stellten sie Anfang der siebziger Jahre noch 30 Prozent und in den späten achtziger Jahren fünf bis zehn Prozent.[223] Dies sind absolut immer noch mindestens 20000 Menschen.

1993

1993 waren nach offiziellen Angaben 1,2 Millionen Menschen in Haft, darunter 3651 (nach anderen Angaben 3272)[224] Konterrevolutionäre. Westliche Schätzungen nahmen 20000 politische Gefangene in Gefängnissen und Arbeitslagern an. Wegen der amtlichen Verschleierungen ist die Dunkelziffer hoch.[225] (Domenach gibt für die Jahre 1988/89 die Zahl der politischen Häftlinge mit 90000 bis 135000 an.[226]) Es ist jedenfalls sicher, daß trotz eines Rückgangs der Anzahl politischer Gefangener «Hunderte, vielleicht Tausende solcher Personen Gefängnisstrafen verbüßen oder ohne Verurteilung in Haft gehalten werden».[227] Politische «Täter» werden unter anderem der Störung des Straßenverkehrs, der Unterschlagung oder der sexuellen Belästigung angeklagt. Nach *Asia Watch* war 1993 das schlimmste Jahr seit 1989/90.[228] Zwar wurden 37 Dissidenten freigelassen, aber allgemein war eher eine Zunahme der Repression zu verzeichnen. 250 Personen wurden aus politischen Gründen verhaftet, 80 Prozent davon in Tibet, und zwar Mönche und Nonnen. Die chinesische Regierung betrieb mit prominenten Dissidenten eine Politik der Geiselhaltung.

Der Präsident des Obersten Volksgerichtes, Ren Jianxin, sagte im März 1994 vor dem Nationalen Volkskongreß, 1993 seien 237000 Menschen wegen «ernsthafter Gefährdung der nationalen Sicherheit und der sozialen Ordnung» verurteilt worden. Davon erhielten 60 Prozent Strafen, die von mindestens fünf Jahren Haft bis hin zur Todesstrafe reichten.[229]

Wirtschaftliche Interessen legten die Rückkehr zur Methodik der Zeit vor 1989 nahe: die Rücknahme von Zwangs- und Terrormethoden, die nach 1989 angewandt wurden. Es wurde eine große Anzahl der 1989 inhaftierten Personen freigelassen, jedoch gab es keine offiziellen Zugeständnisse erweiterter bürgerlicher und politischer Rechte. Die offizielle Angabe, es seien *alle* führenden Studenten der Demokratiebewegung freigelassen worden, qualifizierte der Leiter der Exilorganisation «Vereinte

Front des demokratischen China», Xiong, der selbst ein Jahr und sieben Monate im *Qincheng*-Gefängnis in Peking in Haft war, als Lüge. Es seien noch an die 100 beteiligte Demokraten in Haft, darunter Chen Wei, Wang Guoqi, Qi Dafeng in Tianjin, Liu Gang, von dem behauptet wurde, er sei kein Student, und Zhai Weimin. Für die beiden letztgenannten bestätigte später das Justizministerium ihre andauernde Inhaftierung.[230] Der Leiter des Ministeriums für öffentliche Sicherheit (*Gong'an'bu*), Tao Siju, teilte mit, es seien noch 1000 bis 2000 Demokraten in Haft.[231]

Angaben des Justizministeriums ist in der Regel mit Mißtrauen zu begegnen. So wurde auch behauptet, alle nach dem «Pekinger Frühling» um 1978 Verhafteten seien freigelassen worden. Der zur Gruppe der «Mauer der Demokratie» gehörende Zhao Fengping befindet sich seit 1980 in Gefängnishaft. Beobachter nehmen an, daß weniger bekannte Teilnehmer jener Bewegung bis heute in Gefängnissen gehalten werden.[232]

1994

«Anfang 1994 wurden in Peking und anderen Orten erneut unzählige Menschen willkürlich in Haft genommen.»[233] Der amerikanische Außenminister Warren Christopher erhielt während seines Chinabesuches im März 1994 detaillierte Informationen über 235 Häftlinge sowie die Zusage Chinas, über 104 tibetische Häftlinge zu berichten.[234] Nach im Januar 1995 veröffentlichten Zahlen des Justizministeriums verbüßten Ende 1994 2678 Personen wegen «konterrevolutionärer Verbrechen» Haftstrafen. Diese Zahl enthält wegen Spionage oder anderer international als kriminell anerkannter Vergehen Verurteilte, aber nicht die Personen, die zwar wegen politischer Vergehen inhaftiert, aber nicht angeklagt wurden. Ebensowenig enthalten sind Personen, die aufgrund politischer oder religiöser Haltungen in Lagern zur «Umerziehung durch Arbeit» inhaftiert sind. Ausgenommen sind auch die, die wegen «krimineller Vergehen» inhaftiert oder verurteilt wurden, die in nichtgewaltsamen politischen oder religiösen Aktivitäten bestanden.²³⁵

Vor dem Besuch des Außenministers der USA waren der Studentenführer Zhai Weimin und der erst kurz vorher aus der Haft entlassene Wei Jingsheng verhaftet worden, wohl um sie daran zu hindern, sich öffentlich zu äußern. Ein Freund Zhais stellte fest, daß zwar einige Dissidenten freigelassen worden seien, die Verhaftungswelle im Gefolge der Demokratiebewegung von 1989 aber keineswegs vorbei sei.²³⁶ Die Bundesregierung schätzte die Menschenrechtslage fünf Jahre nach der blutigen Unterdrückung der Demokratiebewegung in Peking als «unbefriedigend» ein. Staatsministerin Ursula Seiler-Albing führte aus:

> «Neben der andauernden Haft gewaltloser Vertreter der Demokratiebewegung bestehen vor allem in drei Bereichen Probleme: bei der Behandlung von Gefangenen in chinesischen Gefängnissen und Arbeitslagern, bei der administrativen Haft und bei Verfahrensmängeln in Strafprozessen.»²³⁷

Dem Mitinitiator der Pekinger Friedenscharta Qin Yongmin teilte der Gefängnisleiter des Arbeitslagers, in das er wegen seiner politischen Arbeit eingewiesen worden war, gleich zu Beginn mit: «Wenn du darauf bestehst, als politischer Gefangener hier zu sein, kann ich für deine Sicherheit nicht garantieren.» Sieben Monate später prügelten ihn ein Wärter und ein Mitgefangener bewußtlos und zertraten dabei seine Hoden. Qin hatte sich gegen die Vergabe der Olympischen Spiele im Jahr 2000 an Peking ausgesprochen und damit in der Sichtweise der Regierung dem Ansehen Chinas in der Welt geschadet. 1995 haben sich elf Dissidenten in einer Petition für Qins Freilassung eingesetzt.

1994 wurden in Tibet 164 Personen, davon 137 Lamas und Nonnen, als «Konterrevolutionäre» und «Separatisten» verhaftet.²³⁸

Weiterhin werden drakonische Strafen gegen Dissidenten ausgesprochen. Der Lektor am Pekinger Fremdspracheninstitut Hu
Shigen (* 1955) wurde zu 20 Jahren Haft verurteilt, weil er 1992
die Freilassung der politischen Gefangenen gefordert hatte.
Kang Yuchun (* 1964) und der Chemiearbeiter Liu Jingsheng
(* 1954) wurden zu 17 und 15 Jahren Haft verurteilt, weil sie
eine «konterrevolutionäre Gruppe» gebildet haben sollen. Der
für die Hongkonger *Ming Pao* schreibende Journalist Xi Yang
wurde zu 12 Jahren Haft verurteilt, weil er angeblich staatliche
finanzielle Transaktionen ausgespäht und Staatsgeheimnisse
gestohlen habe. Nach Einschätzung westlicher Korrespondenten bediente sich Xi international gebräuchlicher Recherche-
methoden.[239]

Schon diese Fälle zeigen, daß die marktwirtschaftlichen
Fortschritte keine Verbesserungen in der Verwirklichung der
Bürger- und Menschenrechte bringen. Die Lage bezüglich der
Menschenrechte wird in dem «Jahresbericht des amerikanischen
Außenministeriums zur Lage der Menschenrechte» (*Human
Rights Report*) als «alptraumhaft» bezeichnet. Der Bericht
nimmt an, daß es «Hunderte, vielleicht Tausende» gewaltfrei
handelnde politische und religiöse Gefangene gibt.

Während politisch bedeutsamer Tage werden Dissidenten
nach wie vor aus der Hauptstadt entfernt. So wurden Dissidenten während der Vierten Weltfrauenkonferenz der UN in den
«Urlaub» geschickt, die Alternative ist administrative Haft.
Wang Zhihong, Ehefrau von Chen Ziming, wurde während der
Konferenz zu ihrem Mann in ein Pekinger Gefängnis eingesperrt. Die Familien politischer Gefangener unterliegen bisweilen der polizeilichen Überwachung und haben Belästigungen
über sich ergehen zu lassen. Sie haben manchmal Schwierigkeiten, Arbeitsplätze und Wohnungen zu erhalten oder zu behal-
ten.[240]

Ein Menschenrechtsseminar in Peking am 16. Dezember

1995, dem Internationalen Tag der Menschenrechte, ist vor dem Hintergrund der aufgezählten Vorfälle als Versuch zu bewerten, die Weltöffentlichkeit propagandistisch zu beeinflussen.

In Tibet haben nach Menschenrechtsorganisationen die Festnahmen in den ersten drei Monaten 1995 die Gesamtzahl aller Inhaftierungen während des Vorjahres überschritten.[241]

Folter und Willkür: die Polizei

Die Polizeidienststellen heißen Büros für öffentliche Sicherheit (*gong'an'ju*). Sie sind für Ermittlungen, Festnahmen, Einsperrungen und vorbereitende Prüfungen der Kriminalfälle zuständig.[242] Es gibt eine bewaffnete Polizei (PAP, *People's Armed Police*), die bei Streiks eingesetzt werden kann. Sie veranstaltet Anti-Terror-Übungen und genießt eine auffällige Publizität, um Dissidenten zu warnen und einzuschüchtern. Nach 1989 bauten einige Provinzen diese Militärpolizei zu einer schnellen Eingreiftruppe aus. Diese Polizei stützt sich auf ein verknüpftes logistisches System quer durch die Provinzen. In dem ökonomisch wichtigen Küstenstreifen und in den großen Städten ist die Militärpolizei besonders gut ausgerüstet. Am 14.2.1990 wurde ihre Führung ausgetauscht. Neuer Führer ist der Generalmajor Zhou Yushu, der 1989 die 24. «Group Army» befehligte, die das Pekinger Universitätsviertel besetzt hatte und mit wenig unmittelbarer Gewalt unter ihre Kontrolle gebracht haben soll.[243] Er untersteht offensichtlich einem Doppelkommando, dem Militärausschuß des ZK wie auch dem Ministerium für öffentliche Sicherheit, das seine Weisungen von der ZK-Abteilung für Politik und Recht erhält. Die bekanntesten Einheiten der Militärpolizei sind das «Bewaffnete Polizeikorps von Beijing» und das «Bewaffnete Polizeikorps von Shanghai».[244]

1990 beschloß das Scheinparlament des Nationalen Volkskongresses, daß Armee-Einheiten in Kräfte für innere Sicherheit umgewandelt werden sollten. Die Ausrüstung, darunter Schlagstöcke, wurde aus Japan importiert.[245] Die Polizei wurde verstärkt, vor allem in Peking, und ebenfalls mit Anti-Aufruhr-Ausrüstung, darunter Tränengas, versehen.[246]

Folter

Obwohl die Volksrepublik China die Folter-Konvention der UN im Oktober 1988 unterzeichnet hat, sind Folterungen in der Haft üblich. 1993 berichtete der damalige Generalstaatsanwalt Liu Fuzhi, seit 1988 seien 1687 Fälle zur Untersuchung angenommen worden, in denen Polizisten oder Justizangehörige durch Folter versucht hätten, Geständnisse zu erzwingen.[247] In dem Zeitraum von 1978 bis 1989 hat die Folter zugenommen. Sie sei aber, so Jean-Luc Domenach, nicht mehr unmittelbar mit dem Ablauf der Ermittlungen verbunden, sondern von Person und Charakter der Beamten abhängig.

Die zunehmenden Mißhandlungen seien eine Reaktion auf den Machtverlust der Polizei nach 1978. 1993, so teilte der Präsident des Obersten Gerichtes, Ren Jianxin, 1994 mit, seien gegen 378 Justizangehörige Ermittlungen wegen des Vorwurfs, «durch Folter Geständnisse erpreßt zu haben», aufgenommen worden. Liu Fuzhi, der Generalstaatsanwalt, gab in seinem Justizbericht vor dem Nationalen Volkskongreß 1993 bekannt, daß sich bei der Überwachung der Strafverfolgungsorgane 9000 größere, davon 2500 außerordentlich schwere Fälle ergeben hatten, in denen Bürgerrechte verletzt worden seien. Im März 1995 teilte die Generalstaatsanwaltschaft mit, 1994 habe es 409 Fälle gegeben, in denen mit Gewaltanwendung Geständnisse erpreßt wurden. Im Februar wurden fünf Polizisten in Shanxi zum Tod verurteilt, weil sie durch Folter ein Geständnis erpreßt hatten, fünf Beteiligte wurden zu Gefängnisstrafen von fünfjähriger bis zu lebenslänglicher Dauer verurteilt. In der Provinz Anhui wurde 1995 in 26 Fällen von Folter ermittelt, und die Staatsanwaltschaft von Shanghai meldete neun. Für Shenzhen wurde von 17 Fällen berichtet.[248]

In einer im Januar 1993 verfaßten und von der Nachrichtenagentur Reuter veröffentlichten Nachricht schreibt Liu Gang, einer der führenden Studenten der Bewegung von 1989, aus dem

Arbeitslager Lingyuan Nr. 2 in der Provinz Liaoning, er sei seit dem ersten Tag seiner Haft gefoltert worden.

Ehemalige Gefangene haben berichtet, daß in Chinas Gefängnissen mit Ochsenziemern, Elektroden, langen Perioden von Einzel- und Isolationshaft, Schlägen, Fesselungen und anderen Formen von Mißhandlungen gefoltert wird. Die sogenannte «Flugzeugfolter» – das Opfer wird an den hinter dem Rücken gefesselten Händen aufgehängt – wurde bereits in den Gefängnissen der Republik angewandt und von den Kommunisten bald nach 1949 übernommen.[249]

Nach dem Verfassungsartikel 41 sind Klagen gegen Staatsbeamte wegen Verletzung des Gesetzes oder wegen Pflichtversäumnissen möglich. Auch das Strafrecht ermöglicht die Anklage von Staatsbeamten, die sich ungesetzlich verhielten. Offensichtlich können diese Rechte aber von Inhaftierten nur unvollkommen wahrgenommen werden; das zeigen die vergleichsweise geringen Zahlen der entsprechenden Verfahren. Aber auch außerhalb des Strafvollzuges scheint es nahezu unmöglich zu sein, nach diesen Gesetzen Recht zu bekommen: Der Maler und Abgeordnete eines lokalen Volkskongresses in der Provinz Zhejiang Yan Zhengxue (* 1946) wurde 1992 nach einem Streit in einem Bus in einer Pekinger Wache von der Polizei mit Elektroknüppeln (*dianbang*) malträtiert. Seine Klage bewirkte nichts. Daraufhin unterzeichneten 360 Wissenschaftler, Künstler, Journalisten, Rechtsanwälte, Funktionäre und lokale Volkskongreßabgeordnete eine Eingabe, darunter die Dissidenten Wang Dan, Liu Xiaobo, Liu Nianchun und Zhou Guoqiang, die von Yuan Hongbing, Juradozent an der Beida, und dem Rechtsanwalt Wang Jiaqi verfaßt worden war. Aus Rache fingierte die Polizei einen Fahrraddiebstahl, aufgrund dessen Yan zu zwei Jahren «Umerziehung durch Arbeit» verurteilt wurde.[250]

1993 warf *amnesty international* der chinesischen Regierung vor, die Folterungen seien in China «weit verbreitet und systematisch». Zu diesem Zeitpunkt, so *amnesty*, wurden Gefangene häufiger gequält als in den vorangegangenen zehn Jahren. Die Verhältnisse waren allerdings auch zehn Jahre früher kaum besser, wie in der chinesischen Öffentlichkeit selbst zugegeben wurde. In der «Juristischen Zeitschrift Chinas» (*Zhongguo fazhibao*) war am 31. Mai 1986 zu lesen, Folterungen seien in einigen Regionen und Einheiten so verbreitet, daß ein Bürger «vermuten müsse, jedesmal, wenn er ein Polizeirevier betrete, unausweichlich geschlagen zu werden».[251]

Eine Begünstigung für Folter sei, so amnesty international, daß Gefangene monatelang ohne Anklage und ohne Kontakte zu Rechtsanwälten und Angehörigen eingesperrt werden.[252] Weitere Gründe für Folterungen bestehen in der extrem feindlichen Einstellung der Regierung zu den politischen Häftlingen, in dem Zwang zur Erpressung von Geständnissen und darin, daß es keine Unschuldsvermutung gibt.[253] «Wenn du kein Modellkommunist sein willst, der all die lächerlichen Parolen auf der Zunge hat, dann werden sie das in dich hineinprügeln!» Dies sagte ein früherer Gefangener und wies Wunden an den Handgelenken vor, die, wie er sagte, von Handschellen stammten.[254]

Es existiert kein Verbot, durch illegale Methoden erzwungene Aussagen in den Prozeß einzuführen.[255]

Amnesty international stellt 1996 fest, daß Folterungen routinemäßig vorkommen. Laut der Tageszeitung *Henan Legal Daily* (7. Oktober 1995) wurden zwischen 1990 und 1992 allein in der Provinz Henan 41 Menschen in Verhören zu Tode gefoltert![256] Offensichtlich läuft jeder Bürger, der das Mißfallen der Ordnungsbehörden erregt, Gefahr, gewaltsam «behandelt» zu werden. *amnesty* führt aus:

«Selbst Kinder und alte Menschen bleiben nicht verschont. (...) Zu den am häufigsten berichteten Foltermethoden zählen brutale Fausthiebe und schwere Schläge mit diversen Gegenständen, Auspeitschungen und Fußtritte, das Verabreichen starker Stromstöße mit Elektroschlagstöcken, das Anlegen von Hand-

oder Fußeisen in äußerst schmerzhafter Art und Weise sowie das Aufhängen an den Armgelenken, oftmals einhergehend mit Schlägen und Prügeln.»[257]

Eine Erklärung für den von Gewalt dominierten Umgang mit Wehrlosen ist nicht leicht zu finden. Die Sozialisation der Kinder ist keineswegs von Gewalt geprägt, ebensowenig der Umgang mit den Alten. Ein sozialpsychologischer Erklärungsversuch müßte auf den enormen sozialen Streß eingehen, der in den völlig übervölkerten Städten herrscht. Schon die Bewältigung des einfachen Alltagslebens, beispielsweise ein Ortswechsel im öffentlichen Verkehrssystem, ist übermäßig kraftraubend. Diese Einengung ist verknüpft mit den immer noch zahlreichen Limitierungen des persönlichen Konsums. Der schlichte Umstand der Überbevölkerung scheint den einzelnen und seine noch so berechtigten Interessen zu entwerten. Dieser soziale Streß trägt offensichtlich zur Gewaltbereitschaft im staatlichen Machtapparat bei. Zudem sind die Folterer so gut wie immer von der Strafverfolgung ausgenommen. Sind Parteiangehörige oder höherrangige Polizisten an Folterungen beteiligt, wird alles getan, um die Vorfälle zu vertuschen. Es wird offensichtlich oft versucht, Kläger mit Geldzahlungen von der weiteren Verfolgung des Rechtsweges abzubringen. Außerdem fehlt eine freie Presse, die Folterungen publik machen könnte.

Im Jahr 1995 sind jedoch einige Folterfälle von der Justiz geahndet worden: Im Februar ist der Leiter einer Polizeistation in Hebei hingerichtet worden, weil er einen Verdächtigen zu Tode gefoltert hatte. Fünf beteiligte Polizisten wurden zu Haftstrafen von fünf bis fünfzehn Jahren verurteilt. Ein weiterer Polizist wurde in Hebei im Februar 1995 zum Tod verurteilt, weil er einen Mann während einer Auseinandersetzung über einen Verkehrsunfall erschossen hatte. Im März berichtete das Zentralorgan der KP *Renmin ribao*, daß einige Funktionäre eines Dorfes zum Tod oder zu Gefängnis verurteilt worden seien, weil sie

einen Bauern ermordeten, der sich über zu hohe Abgaben beschwert hatte. Der Generalstaatsanwalt trug dem Nationalen
Volkskongreß einen Fall aus der Provinz Heilongjiang vor, in
dem die Polizei einen Todesfall aufgrund von Folter als Mord
kaschieren wollte. Der wahre Schuldige sei verhaftet worden.

Politische Polizei, Geheimdienst
und Spitzelwesen

Die gefürchtete «Abteilung Eins» des Pekinger Sicherheitsbüros
bildet die politische Polizei.

Die «Abteilung Drei» des Generalstabes ist für die Überwachung von Ausländern zuständig. Sie kann offensichtlich eine
große Anzahl von Agenten aufbieten. So sollen vor dem Jahrestag des Massakers von 1989 im Juni 1994 rund 10000 «Agenten in Zivil» eingesetzt worden sein, um die Ruhe auf Pekings
Straßen zu sichern.[258]

In Peking spielt vor allem die militärische «Einheit 8341» eine
wichtige Rolle. Sie ist für den Personenschutz der Führung zuständig, die überwiegend in dem alten Palastbezirk von Zhong-
nanhai lebt. Die Einheit hat aber in der Vergangenheit auch
nachrichtendienstliche Aufgaben ausgeführt, indem ihre Mitglieder aus dem ganzen Land rekrutiert wurden und für Mao
Zedong persönlich Lagebeschreibungen ihrer Heimatorte anfer-
tigen mußten. Die Einheit ist dem zentralen Sicherheitsbüro unterstellt, das wiederum von dem «Zentralen Allgemeinen Büro»
des ZK der KPCh abhängig ist. Die «Einheit 8341» hat im Laufe
der Ereignisse vom 5. April 1976 in Peking 3600 politische Dissidenten verhaftet, darunter auch einige Kinder hochrangiger
Funktionäre.[259]

Das von der Verfassung garantierte Briefgeheimnis wird von
der Polizei ständig gebrochen. Telefongespräche ausländischer
Besucher, Geschäftsleute, Diplomaten, längerer Zeit Ansässiger

und Journalisten sowie die telefonischen Kontakte von Dissidenten und anderer Bürger werden häufig abgehört und aufgezeichnet. In- und ausländische Post wird zensiert.[260] Kontakte zwischen Ausländern und chinesischen Bürgern, vor allem mit Dissidenten, werden manchmal beschränkt. Nach dem neuen Staatssicherheitsgesetz gelten:

> «...Handlungen von Personen außerhalb des Landes (einschließlich nichtchinesischer Bürger, die in China leben), die Hinweise mißachten und sich mit Personen im Land treffen, die die Staatssicherheit gefährden oder die im ernsthaften Verdacht stehen, dies zu tun, als Rechtsübertretung.»[261]

Der eigentliche Geheimdienst heißt Staatssicherheitsdienst (*Guojia anquan*). Die «Abteilung für soziale Angelegenheiten» (*shehuibu*), ab 1962 «Ermittlungsbüro» genannt (*diaochabu*), untersteht dem ZK der KP. Sie führt unter anderem Gegenspionage und «parteiinterne Säuberungen» durch. Geheimdienst und öffentliche Sicherheit, das heißt die Polizei, bilden ein gemeinsames System, dem der Schutz des Regimes obliegt. Als Koordinator beider Teilgruppen ist der Minister für öffentliche Sicherheit vorgesehen.[262]

Totale Kontrolle von Körper
und Geist: die Straflager

Die Vorläufer des Lagersystems wurden 1932 in dem Sowjet-
gebiet von Jiangxi und Fujian eingerichtet und als «Arbeitsbes-
serungsanstalten» bezeichnet. 900 Gefangene mußten schwere
Arbeit leisten. Es wurde während des antijapanischen Krieges
beibehalten und nach Gründung der Volksrepublik offiziell als
System der Resozialisierung durch Arbeit, *Laogai*, landesweit
durch ein Gesetz vom 3. 8. 1957 juristisch verankert. Schon diese
Bezeichnung weckt die bestürzende Erinnerung an den Spruch
über dem Eingangstor von Auschwitz: «Arbeit macht frei!»
Scharfsichtigen Beobachtern war der Charakter des chinesischen Strafsystems bereits vor 40 Jahren klar.

> «Ein Element mag auf den ersten Blick ausländische Rechts-
> anwälte beeindrucken: die ausgedehnte Anwendung korrigie-
> render Arbeit. Schaut man genauer hin, entdeckt man darin die
> ausgedehnteste Anwendung von Zwangsarbeit, die sich sogar
> auf die ausdehnt, deren Strafzeiten bereits abgelaufen sind.» [263]

Der «Geist» des Systems wird seit den Anfängen der Volksrepublik von den «Drei Um Zu» (*sange weile*) bestimmt: Um die
Kriminellen zu reformieren, um die Gefangenen nicht untätig
essen zu lassen und um die Gefängnisse von Bedrängnissen zu
entlasten, werden die Gefangenen zur Arbeit gezwungen. [264] In
diesen «Grundsätzen» sind bereits Zwangsarbeit und «Gedankenreform» verschmolzen. [265]

In der Kulturrevolution sank die Zahl der Lager um die
Hälfte, auf dem Land sogar um 60 Prozent, um nach dem Antritt
Deng Xiaopings 1978 wieder stark zuzunehmen. Die genaue
Zahl der Lager ist nicht bekannt. Konservative Schätzungen von
Menschenrechtsorganisationen gehen von 3000 Arbeitslagern

aus, andere schätzen die Zahl auf 5500[266], wieder andere nennen 700 Arbeitslager, ausschließlich der Lager für «Umerziehung durch Arbeit» mit 500 bis 3000 Inhaftierten und 200 Umerziehungslager.[267] Der Wert der landwirtschaftlichen und industriellen Produktion des Systems belief sich für den Zeitraum 1978–1980 auf 14 Milliarden yuan und erbrachte einen Gewinn von zwei Millionen yuan.

Die Arbeitskraft der in diesem System Gefangenen ist nach Harry Wu größer als die Spaniens (15 Millionen) und nicht viel geringer als die Frankreichs (24 Millionen). Wu habe aber, so meint Domenach, die Anzahl der in «Lagern zur Umerziehung durch Arbeit» Befindlichen zu hoch geschätzt. Domenach gibt für die Zeit von 1985 bis 1988 drei bis 3,2 Millionen Häftlinge in den Arbeitslagern und 400000 in den Umerziehungslagern an.[268] Nach Mitteilungen von Gefängnisbeamten sollen sich allerdings Ende 1995 «nur» 200000 Personen in den Arbeitslagern befunden haben, Ende 1993 sollen es 153000 gewesen sein.

In das System integrierte Fabriken stellen Autos, Lastwagen, Traktoren und eine Reihe kleinerer Artikel her, zum Beispiel Textilien und Spielzeug. Es sind oft Gefangene, die gesundheitsgefährdende Mineralien schürfen, zum Beispiel Asbestgrundstoffe und radioaktive Stoffe. Viele Teeplantagen gehören ebenfalls zum laogai-System. Einige Standorte dienen zur Erledigung besonderer Produktionsaufgaben. So wird in Yunnan und Guizhou Opium hergestellt. Zwangsarbeiter extrahieren Gold und werden für gefährliche Arbeiten in den Nuklear-Testgebieten eingesetzt. In das System sind sogar Druckereien für Banknoten, geheime Dokumente und Staatsanleihen einbezogen. Mehr als zehn Millionen Häftlinge stellen in Zwangsarbeitslagern unter oft barbarischen Bedingungen unter anderem Produkte für den Export her.[269] Amerika und England haben den Import von solchen Waren formell untersagt, aber es macht Schwierigkeiten, die Herkunft zu bestimmen.[270] In Deutschland forderte bereits 1993 die Europaabgeordnete der Grünen Claudia Roth ein Importverbot für Waren aus chinesischen Arbeitslagern, ohne daß die Bundesregierung verbindlich darauf reagiert hätte. Außenminister Klaus Kinkel hat die Organisationen der Spitzenverbände der deutschen Wirtschaft über die Sachlage informiert «und darum gebeten (...), sich im Falle der Erkenntnis solcher Tatbestände entsprechend einzulassen bzw. darauf zu reagieren, daß solche Waren in der Bundesrepublik Deutschland nicht in den Handel kommen können».[271]

Die amerikanische Regierung ist konsequenter vorgegangen: Sie hat am 7. August 1992 ein «Memorandum of Understanding» (MOU) mit der chinesischen Regierung unterzeichnet, das den chinesisch-amerikanischen Handel mit Produkten aus Gefängnissen untersagt. Das Memorandum wurde am 14. März 1994 durch ein «Statement of Cooperation» (SOC) ergänzt, das die Umsetzung des Memorandums in konkreten Verfahrensweisen regelt. Es sind Gefängnisüberprüfungen vorgesehen, aber die chinesische Seite scheint sich nicht an die Vereinbarungen halten zu wollen. Ein mehrmals beantragter Besuch in der Fabrik Wuyi in der Provinz Zhejiang wurde nicht gestattet, obwohl er nach den Vereinbarungen innerhalb von 60 Tagen hätte stattfinden müssen.[272]

Die Gewerkschaft Textil und Bekleidung nimmt an, daß zwei Millionen Gefangene in Textilfabriken nahezu zum Nulltarif arbeiten. Als Bundeswirtschaftsminister Günter Rexrodt während seiner Anreise zu seinem Chinabesuch 1993 gefragt wurde, ob er das Thema Zwangsarbeit in Textilfabriken ansprechen werde, mahnte der Minister zur Vorsicht.[273] 1993 sollen keine in Zwangsarbeit hergestellten Produkte aus der Volksrepublik China auf dem deutschen Markt nachgewiesen worden sein. Dies dürfte auch schwerfallen, da die Betriebe des Strafsystems nach außen hin mit normalen Firmennamen getarnt sind. Immerhin wurden von (1983) 200 verschiedenen Produkten des Lagersystems aus der Maschinen-, Textil- und Montanindustrie (1988) 60 Produkte exportiert, darunter Dieselmotoren aus

Yunnan, Stahlrohre aus Hebei, Schweinsborsten aus Sichuan und Tee aus Zhejiang. Über eine eigene «Exportgesellschaft für Arbeitskräfte» sind sogar Menschen aus den Lagern exportiert worden: 1988 68000 Arbeiter ins (nicht näher bestimmte) Ausland und 1990 noch einmal 15000 Arbeiter in die Sowjetunion.[274]

Das gesamte Straflagersystem soll in der Epoche der ökonomischen Reform effizienter werden. Unter anderem soll dies durch die Spezialisierung auf für den Export geeignete Produkte, etwa Ginseng und Tee, erreicht werden. Jean-Luc Domenach meint allerdings, das gesamte System der Zwangsarbeit sei – wahrscheinlich mit wenigen Ausnahmen, etwa der Asbestförderung in Xinkang, Provinz Sichuan – immer defizitär gewesen, da der Aufbau nach militärischen und nicht nach wirtschaftlichen Kriterien durchgeführt worden sei.[275] Allerdings habe das Lagersystem während des ersten Fünfjahresplanes eine wichtige Rolle im wirtschaftlichen Grundaufbau gespielt, vor allem in der Kohle- und Erzförderung und beim Aufbau der Stahlwerke von Anshan und Baotou.

Sehr weitgehend wird in der internen chinesischen Diskussion[276] vorgeschlagen, Strafvollzug und Arbeitsinstitutionen zu trennen, aber eine einheitliche Leitung beizubehalten. In den 80er Jahren waren eine Million Menschen für die Staatssicherheit tätig, davon dienten 1988 300000 als Aufseher und Kader in den Arbeits- und Umerziehungslagern. Die Justiz beschäftigte 540000 Personen. Das Lagerpersonal besteht oft aus demobilisierten Soldaten.[277] In den Lagern arbeitet heute aber auch Personal, das in 36 Schulen ausgebildet wurde, die zwischen 1983 und 1993 eingerichtet wurden.

Intern grenzt man sich im Ausbildungswesen für den Strafvollzug gegen frühere, einseitig von sowjetischen Vorbildern geprägte Vollzugsmethoden ab. Auf kriminelle Jugendliche der 90er Jahre seien die «Drei Wie» (*sanxiang*) anzuwenden: Man solle vorgehen «wie eine Mutter, wie ein Lehrer und wie ein

Arzt». Dabei seien die «Sechs Schriftzeichen» (mit denen die folgenden Begriffe geschrieben werden) zu beachten: «erziehen, zur Umkehr veranlassen und ändern» (*jiaoyu, ganhua, gaizao*). In der Vergangenheit sei der Strafvollzug als ein Element des Klassenkampfes gesehen worden, und aus einer Haltung der übermächtigen Stärke sei es nur um Unterdrückung und Bestrafung gegangen. Die Aufgabe der Änderung von Gefangenen sei ignoriert worden. Bis in die Gegenwart, so wird eingeräumt, gebe es diese Vorgehensweisen noch, die jedoch nicht weiter charakterisiert werden. Sie seien aber bereits in der Vergangenheit «unangemessen» gewesen, als es sich um die «Kriminellen aus den alten Ausbeuterklassen» handelte. Wie hilflos die pseudomarxistische Sprache ist, wird deutlich, wenn man an die Neuen Reichen des Landes und an die im Entstehen begriffene Mittelklasse denkt. Sind ihre Angehörigen eine zukünftige neue Ausbeuterklasse? Die heutigen Theoretiker orientieren sich an der Dengschen Reformlinie und fordern ein Gesetz zur Reform durch Arbeit. Sie sprechen sogar davon, Erfahrungen des Auslands im Gefängniswesen kennenlernen zu wollen.

Inwieweit sich solche Reformhaltungen durchsetzen können, ist fraglich, wenn man die aktuellen Berichte, etwa den «Human Rights Report 1995» des amerikanischen Außenministeriums, liest. Die «Reformer» lehnen keineswegs die Arbeit der Gefangenen im Strafvollzug ab. Sie ist für sie qua Definition keine Zwangsarbeit, sondern nach wie vor das hauptsächliche Mittel, um die Weltanschauung der Gefangenen im gewünschten Sinne zu verändern. Ganz offen sprechen auch die Reformer davon, die ökonomische Last des Staates mit seinen Gefangenen verringern zu wollen. Früher sei die Parole gewesen: «Änderung an erster, Arbeit an zweiter Stelle!» Danach sei aber in der «sozialistischen Marktwirtschaft» nicht mehr zu handeln, wohl weil nun die Effizienz und die Rentabilität eines Unternehmens zunehmend ins Gewicht fallen. Insgesamt machen die Reformansätze den Eindruck, daß man das Lagersystem den Wirtschaftsreformen Deng Xiaopings anpassen will. Fragen der Menschenrechte und nach der Legitimität des Ganzen werden nicht gestellt. Der historische Terror hat zwar abgenommen, aber damit sind noch längst keine menschenwürdigen Verhältnisse eingekehrt.[278]

Die innere Ordnung der Straflager folgt militärischen Mustern. Eine Schwadron (oder Kleingruppe[279]) mit 15 bis 20 Gefangenen ist die kleinste Einheit. Zehn bis 15 Schwadronen bilden eine Kompanie (oder Zwischenbrigade[280]), für die drei bis fünf Kader der öffentlichen Sicherheit zuständig sind. Es gibt einen Chef der Kompanie und einen Politinstrukteur. Acht bis zwölf Kompanien mit etwa 1000 Gefangenen bilden ein Bataillon (oder eine Halbbrigade[281]) mit einem Kommandanten, einem Politkommissar, einem Disziplinkader und Verwaltungspersonal. Diese Ebene entspricht der Kreisebene (*xian*) der Zivilverwaltung. Das Bataillon ist eine selbständige ökonomische Einheit mit eigener Gewinn-und-Verlust-Rechnung, eigenen Firmen und eigenem Marketing. Eine noch höhere Einheit, die in der Provinz Hubei vorhanden ist, ist die Brigade; sie entspricht der zivilen Provinzebene (*sheng*). Es gibt etwa 600 Straflager, durchschnittlich 20 je Provinz, und insgesamt drei bis vier Millionen Strafgefangene in diesem Lagertyp. Einige Lager wurden als «Riesenlager» bezeichnet. Zu ihnen gehören Xinggaihu in der Mandschurei, Banqin, Nuomuhong in Qinghai, Delingha und Yingde.[282] Banqin hatte mit 3500 Insassen gegen Ende der 60er Jahre die Ausmaße einer Kleinstadt.

In den 50er Jahren bestand ein Großteil der Gefangenen (80–90%) aus ehemaligen Angehörigen der Nationalarmee oder der politischen Elite der Republik, aus Grundherren, reichen Bauern, Kapitaleignern und sogenannten aktiven Konterrevolutionären. Im nächsten Jahrzehnt füllten die noch vorhandenen Angehörigen der genannten Gruppen und «Konterrevolutionäre» die Lager. Die Anzahl gewöhnlicher Krimineller betrug 60 bis 70 Prozent. In den 70er Jahren war die erste Generation der

Gefangenen verstorben, sie waren durch die Opfer der Kulturrevolution ersetzt worden. Das Jahrzehnt von 1980 bis 1990 brachte neue Gruppen wie «antisozialistische Elemente» (*fanshe fenzi*) und «neue Ausbeuter» (*Xin boxie fenzi*) in die Lager. 90 bis 95 Prozent der Gefangenen waren nun Kriminelle.

In den Kampagnen gegen Konterrevolutionäre in den frühen 50er Jahren wurden 500000 Menschen verhaftet, von denen 200000 in die Lager kamen, in der «Kampagne gegen Rechts» von 1957 verschwanden 550000 Angehörige der «Kapitalistenklasse» und 400000 Sympathisanten im Lagersystem. Nach 1958 gelangte ein ständiger Strom von «Rechten», das bedeutet Menschen mit unorthodoxen politischen Ideen, in die Lager.

Die Lebensbedingungen in den Lagern sind durch eine umfassende Kontrolle rund um die Uhr gekennzeichnet, da die Gefangenen sich immer in einer Gruppe befinden. Die Verpflegung besteht in Peking aus monatlich 13,5 bis 22,5 Kilogramm Mais oder Sorghum minderer Qualität, abhängig von der Arbeitsleistung und dem Stand der «Reform». Für den gleichen Zeitraum werden etwas mehr als 100 Gramm Öl zum Kochen zugeteilt. Es gibt in der Regel weder Fleisch noch Eier. Alle 14 Tage werden Dampfknödel aus weißem Mehl und eine Suppe mit Schweinefleisch ausgegeben. Zweimonatlich gibt es gebackene Mehlkuchen. An den Festtagen (Neujahr, Nationalfeiertag, Frühlingsfest) kommen die Gefangenen in den Genuß von Dampfklößen mit Fleischfüllung.

Es gibt keine Kantinen, sondern das Essen wird am Arbeitsplatz eingenommen. Es wurde von gewalttätigen Auseinandersetzungen um das Essen berichtet, auch von Streiks, deren Anführer hingerichtet wurden.[283] Bestrafungen sind offiziell verboten, werden aber durchgeführt. Sie werden für Fluchtversuche, Fluchtabsichten oder Gewaltbereitschaft, bei Ungehorsam und Widerstand gegen Anordnungen, bei Widerständen gegen die «Reformierung» und für die Unterbrechung der Produktion ausgesprochen. Es werden Fußfesseln von fünf, acht und zehn Kilogramm Gewicht angelegt.

In der Leichtindustrie des Strafsystems sollen die Arbeitsbedingungen sich kaum von den Bedingungen in den normalen Fabriken unterscheiden, aber die Verhältnisse in landwirtschaftlichen Betrieben und in den Minen sind härter. Einige Strafinstitutionen «verleihen» Gefangene als Arbeitskräfte an normale Fabriken der Leichtindustrie.[284]

Jean Pasqualini, 1926 in Peking geboren und von Missionaren erzogen, war von 1957 bis 1964 in chinesischer Gefangenschaft. 1964 konnte er nach Frankreich emigrieren. 1993 verglich er das chinesische System der Arbeitslager mit dem sowjetischen *Gulag*. Dieser Vergleich ist aber dahingehend einzuschränken[285], daß die physischen Bedingungen in den sibirischen Lagern drückender waren als in vielen chinesischen Lagern, daß aber der mentale Druck auf die Insassen in China unvergleichlich stärker ist. Im sowjetischen System konnte der Gefangene eine Art inneren Lebens aufrechterhalten, das eine gewisse geistige Freiheit voraussetzte. In China dagegen läßt eine ständige Kontrolle jeglicher geistiger Tätigkeit, das heißt der Worte und Gedanken, ein solches Leben nicht zu.

Die offizielle Selbstdarstellung formuliert die mentale Gewalt zu einem Erziehungsprozeß um:

> «Die Kriminellen stehen unter militärischer Kontrolle und sind gezwungen, manuelle Arbeit zu leisten; gleichzeitig erhalten sie geduldige und vorsichtige ideologische und politische Erziehung und werden im täglichen Leben mit revolutionärem Humanismus behandelt, um ihnen zu helfen, neue Menschen zu werden mit sozialistischer Moral und Qualität. Jegliche Mißhandlung oder körperliche Bestrafung ist strikt verboten.»[286]

Ein Protagonist der Demokratiebewegung von 1989, Liu Gang (* 1961), wurde 1993 (seit April 1991) in dem Arbeitslager Nr. 2, 300 Kilometer nordöstlich von Peking, in der Stadt Lingyuan (Provinz Liaoning) [287] gefangengehalten. Er war 1989 zu sechs Jahren Arbeitslager verurteilt worden. Es gelang ihm, eine Nachricht aus dem Lager zu schmuggeln. «Ich werde dir Elektroschocks verabreichen, bis du ein Krüppel bist», sagte ein Wächter zu ihm. Die Bewacher ließen ihn durch Banden von kriminellen Häftlingen regelmäßig brutal verprügeln. Versuche, durch Hungerstreik seine Lage zu ändern, wurden mit Gewalt unterbunden. [288] Tagelang waren ihm die Hände auf den Rücken gefesselt. [289] Im selben Lager ist der Studentenführer Zhang Ming (* 1967) inhaftiert. Nach politischem «Unterricht» von 6 bis 8 Uhr müssen die beiden bis 22 Uhr Schwerstarbeit in der örtlichen Autofabrik leisten. Anschließend schikaniert man sie, indem man sie über den vor ihrem Arbeitstag gehörten «Unterrichtsstoff» prüft. Machen sie «Fehler» oder erfüllen sie ihre Norm nicht, werden sie von den Wärtern schwer geschlagen. [290]

In der Umgebung von Peking arbeiten die Gefangenen in Ziegeleien (*New Capital Tile & Brick Works*), einer Gießerei (*New Capital Foundary*), einer metallverarbeitenden Fabrik (*New Capital Steel Working Plant*), einer Gummifabrik (*New Capital Rubber Plant*) und in Fabriken für Schwefelsäure und Kunstdünger. In der Provinz Sichuan werden sie in Gießereien, in der Provinz Shaanxi um die Stadt Taiyuan herum und in der Provinz Shandong in den Kohleminen eingesetzt. In anderen Lagern wird landwirtschaftliche Produktion betrieben.

Ein Mittel, die Gefangenen zu brechen, ist der Hunger. Heute herrscht in den Lagern die Gewalt und die Korruption. Frauen werden von Wächtern und selbst von Gefangenen vergewaltigt. Kapos haben Macht über Leben und Tod. [291]

Berichte aus den Arbeitslagern

1. Peking

Allein in der Region Peking gibt es vier Arbeitslager mit 30 000 bis 40 000 Gefangenen.[292] Die Duanhe-Farm in der Nähe von Peking ist ein Vorzeigelager für auswärtige Besucher. Je zehn Gefangene bewohnen einen Raum. Ihnen stehen Metallbetten, Matratzen, Bettwäsche und einige Toilettenartikel zur Verfügung. Es hat den Charakter einer Modelleinrichtung und steht nicht für die Verhältnisse in den übrigen Lagern.[293] Eine Anstalt der administrativen Haft für «die Bettler, Prostituierten und Vagabunden» von Peking ist Gongdelin. Dort soll viel geschlagen werden.[294]

2. Hewan und Wuhan, Provinz Hubei

Die Mitarbeiterin von Wei Jingsheng, Tong Yi, berichtete im Januar 1991, daß sie von Kapos und Mitgefangenen mit Wissen des Gefängnispersonals geschlagen worden sei. Der politische Gefangene Qin Yongmin schilderte Einschüchterungspraktiken und Übergriffe.[295]

3. Nanhu, Provinz Anhui

Der Insasse Zhang Lin, Gewerkschafter, wurde Ende 1994 mit Fausthieben, Fußtritten und einem elektrischen Schlagstock gequält.[296]

4. Lager Nr. 1 für «Umerziehung durch Arbeit» in Guangzhou (Kanton)

Laut Bericht des politischen Gefangenen Chen Pokong finden in dem Lager häufig Übergriffe auf die Insassen statt. Die Gefangenen sind zu 14 Stunden Arbeit in einem Steinbruch gezwungen. Anschließend müssen sie Kunstblumen herstellen.[297]

5. Lingyuan Nr. 2, Provinz Liaoning

Im Lager Nr. 2 für «Umerziehung durch Arbeit» wurden in den Jahren 1991 und 1992 politische Gefangene gefoltert. Die Folterungen setzten ein, als sich elf Gefangene im Mai 1991 weigerten, sich selbst als «normale Kriminelle» zu bezeichnen. Unter ihnen befanden sich Tang Yuanjun und Lang Wanbao.[298]

6. Salzfabrik Neues Leben in Nanpu

Ein anderes Arbeitslager befindet sich in den Salzmarschen um den Ort Nanpu südöstlich von Peking an der Küste der Bohai-Bucht. Tausende Zwangsarbeiter gewinnen dort Salz; die Anlage heißt zynisch «Salzfabrik Neues Leben in Nanpu» (*Nanpu xinsheng yanchang*). Dort war Wei Jingsheng inhaftiert: in einer zwei mal zweieinhalb Meter großen Zelle, vor der sich ein 15 Quadratmeter großer, abgeschlossener Hof befand. Wei Jingsheng wurde dort in Isolationshaft gehalten, er durfte nur mit seinen Wächtern sprechen. Wei war 1979 zu 15 Jahren Haft verurteilt worden, die er nahezu vollständig absaß.

7. Xingaihu, Mandschurei

Das Lager[299] wurde 1954 mit 4000 Gefangenen nahe der sowjetischen Grenze errichtet, nachdem vorher schon Programme der Guomindang und der japanischen Besatzung, dieses Gebiet zu erschließen, fehlgeschlagen waren. Die Gegend ist von extrem heißen Sommern und sehr kalten Wintern geprägt. Die Gefangenen erhielten so wenige Lebensmittel, daß sie vor die Alternative gestellt waren, die ihnen auferlegte landwirtschaftliche Erschließung mit aller Gewalt zum Erfolg zu bringen oder unterzugehen.

Ein anderes Lager im Nordosten am Khanka-See hatte bis zum Beginn des chinesisch-sowjetischen Dissens 40000 Insassen, darunter die Schriftstellerin Ding Ling. Das Lager ist wegen seiner Nähe zur russischen Grenze verlegt worden.

8. Lager in den Provinzen Xinjiang, Qinghai und Gansu und in Tibet

Die Lager in der Provinz Qinghai gelten als die härtesten Chinas. Mit ihnen verbindet man in China eine lebenslange Verbannung.[300] 1984 konnten zum ersten Mal seit 1949 westliche Journalisten in dieser Provinz einen Einblick in das Strafvollzugssystem Chinas bekommen. Berichterstatter erhielten die Möglichkeit, 60 Meilen südwestlich von Xining ein Lager zu sehen. In einer mit zwei Erdwällen umgebenen Fabrik für Autoteile waren 3000 Menschen inhaftiert, die von Soldaten mit aufgesteckten Bajonetten bewacht wurden. Der Abt des Lamaklosters Taer war 21 Jahre lang in dieser «Fabrik» eingesperrt gewesen. Nach seiner Entlassung 1979 gab er an, der Grund seiner Haft sei das «konterrevolutionäre Verbrechen» gewesen, seinen Glauben auszuüben. Mit ihm seien 200 Lamas eingesperrt gewesen. Insgesamt seien 360 lamaistische Mönche des Klosters in Arbeitslagern inhaftiert gewesen.[301]

In dem großen Arbeitslager Nuomuhong in Qinghai müssen die Insassen fast täglich zwölf Stunden arbeiten. Sie werden geschlagen, wenn sie sich über die Bedingungen beklagen, die sie als ein Sklavendasein empfinden.[302]

Der damalige Gouverneur der Provinz Qinghai, Huang Jingpo, teilte 1984 der Auslandspresse mit, in Qinghai gebe es 10 000 Inhaftierte in zehn «Straffarmen». In Qinghai arbeiten die Gefangenen mit Einheiten der Armee zum Aufbau Xinjiangs (*Xinjiang jianshe binggongtuan*) zusammen. Die Lagerinsassen werden auch zur Erntehilfe herangezogen. Die Koexistenz mit den Soldaten beruht, so weit von Peking entfernt, auf einer weniger strengen politischen Ideologie im Strafvollzug.

In dem Arbeitslager Dui Tesam Zonkhang westlich von Lhasa werden politisch aktive Mönche und Nonnen im Alter von unter 16 Jahren festgehalten.[303]

Das Koria-Arbeitslager in der autonomen Region der Uiguren in Xinjiang befindet sich in der Taklamakan-Wüste. In ihm sind sogenannte schwere Fälle mit Freiheitsstrafen von mehr als zehn Jahren inhaftiert.[304]

In der Provinz Gansu[305] gab es 1984 fünf Lager mit 16 Fabriken. Die Zahl der Gefangenen lag zwischen 10000 und 20000, wie der damalige Gouverneur und Hauptverantwortliche des Reformsystems nach der Kulturrevolution, Zhai Huijing, der Presse mitteilte. Die Gefangenen arbeiteten in Kalksteinbrüchen, in der Landwirtschaft und in Minen. Zweimal im Monat seien Besuche der Familienangehörigen möglich. Der «Kampf» in den Lagern sei abgeschafft. Nach Pasqualini bedeutet diese Vokabel die Methodik des Vollzuges, durch Erniedrigungen, Anfeindungen und Erschöpfen aller physischen und psychischen Kräfte des Delinquenten den Willen der Bürokratie durchzusetzen:

> «Ein widerspenstiger Gefangener wurde von Dutzenden oder manchmal Hunderten Mitgefangenen umgeben, die in einem wilden, mitleidslosen Crescendo von Schreien verlangten, er solle gestehen.»

Ein anderes Verfahren bestand darin, in zwei Stunden langen Sitzungen jede, auch eine offenkundig wahre Antwort des Opfers zurückzuweisen.

Die Lage in den Gefängnissen und die Todesstrafe

Es sind neben den Anstalten der «administrativen Haft» zwei Institutionen zu unterscheiden: Das Untersuchungsgefängnis (*kanshousuo*), in dem noch nicht Abgeurteilte oder zu Haft unter einem Jahr Verurteilte verwahrt werden, und die Strafgefängnisse (*jianyu*). Die Untersuchungsgefängnisse in Kreisen und kleineren Städten heißen Haftzentren (*juliusuo*). Sie fassen «ein paar hundert Häftlinge» und befinden sich in schlechtem Zustand. In ihnen herrschen Korruption, Brutalität und Folter.[306]

Dreizehn Prozent aller Häftlinge sind in den Gefängnissen, 87 Prozent in den Lagern. In die Strafgefängnisse (*jianyu*) werden zum Tod Verurteilte eingewiesen, die zwei Jahre Aufschub erhielten, Konterrevolutionäre, also politische Gefangene mit fünf Jahre übersteigender Haftstrafe, gewöhnliche Kriminelle mit mehr als zehn Jahren Haftstrafe, ausländische Kriminelle, Geheimnisträger und weibliche Gefangene.

Wenn die Angabe (Harry Wus) von 20 Millionen Gefangenen (für die Zeit vor 1976) zutrifft, dann ergibt sich eine Rate von 1740 Personen in Haft auf 100000 Menschen. Die entsprechenden Ziffern für die USA betragen 486 und für England 95.

Pierre-Antoine Donnet[307] kommt zu einer geringeren Gesamtzahl der aktuellen Gefangenen: fünf Millionen. Er gibt 111 offiziell genannte Gefängnisse mit jeweils 2000 bis 3000 Insassen an. Dazu kommen die Gefangenen der diversen Lager und Haftanstalten. Das amerikanische Außenministerium nennt 1996 eine Zahl von 685 Gefängnissen. Domenach rechnet mit 2500 Haftzentren mit jeweils 300 bis 500 Insassen und drei großen Untersuchungsgefängnissen je Provinz mit jeweils 2000 bis

4000 Inhaftierten. Er kommt zu einer Gesamtzahl von Gefängnisinsassen von 1,6 Millionen bis 830000 Personen für die Jahre 1985–1988. Die sehr unterschiedlichen Angaben sind vermutlich davon abhängig, ob die Einrichtungen der administrativen Haft als eigentliche Gefängnisse gezählt werden oder nicht. Auch die Gefängnisse sind Teil des riesigen Netzwerks der «Reform durch Arbeit» (*laodong gaizao*).[308]

Die Gefängnisrealität

Die folgende Darstellung folgt dem 1947 in Peking geborenen und 1989 emigrierten Philosophen Chen Xuanling:[309]

Ein Gefangener im chinesischen Strafvollzug hat in der Realität keine Rechte und keinen Schutz. Die angeblich der Resozialisierung dienende, meist sehr schwere Arbeit ist eine Bestrafung, aber alle Gefangenen arbeiten, um etwas besser essen zu können. Das Denunziantentum wird gefördert, indem die Strafe des Verräters verkürzt, die des Opfers verlängert wird. Dies führt zu einer sehr gespannten, von Mißtrauen geprägten Atmosphäre unter den Gefangenen. Strafausdehnungen können von den Autoritäten der Gefängnisse ohne gerichtliches Verfahren ausgesprochen werden.

Das innere Strafsystem sieht Fesselungen an Händen und Füßen vor, wobei Hand- und Fußfessel so angelegt werden, daß nach zwei Stunden eine bleibende Lähmung der Arme eintritt, wenn die Fesselung nicht gelockert wird.

Bis zu psychischen Störungen vorangetriebene Diskussionssitzungen werden als moralische Folter empfunden.

In sehr rückständigen Gebieten gibt es kaum einen Unterschied zwischen den Lagerinsassen und den in der Umgebung lebenden Menschen. Im Gegenteil beneiden die Freien die Gefangenen um den «Vorteil», die geringen Mittel für Körperpflege den Familienmitgliedern in Freiheit zukommen lassen zu können. Eine Flucht aus den Gefängnissen ist kaum möglich, nicht allein wegen der strikten Überwachung, sondern vor allem wegen der meist vollkommen lebensfeindlichen natürlichen Umgebung, die aus Wüsten oder Sumpfgebieten besteht.

Einige prominente der 881 nach 1989 inhaftierten Teilnehmer der Demokratiebewegung, die 1990 entlassen wurden, äußerten nach ihrer Entlassung, sie seien in der Haft korrekt behandelt worden.[310] In der Regel sind die Gefangenen allerdings Angehörige einer anonymen Gruppe, die über keinen Schutz, etwa durch Kontakte nach Übersee, verfügt.[311]

Was die medizinische Versorgung der Gefangenen angeht, so berichtete die chinesische Presse im Februar 1995, die Regierung habe in den Gefängnissen 157 Zentren für psychologische Behandlung und 54 «Kliniken zur Konsultation» eingerichtet. In diesen Einrichtungen seien während der vergangenen zehn Jahre 17 000 Gefangene behandelt worden. 1995 gab es keine Informationen darüber, ob Dissidenten in psychiatrische Einrichtungen eingewiesen oder mit Drogen behandelt worden sind[312], wie es in der ehemaligen UdSSR Praxis war. Es gibt allerdings Informationen über einige Fälle in der Vergangenheit; einer der letzten bekanntgewordenen ist Wei Jingsheng, der Anfang der 80er Jahre in psychiatrischer Behandlung gewesen sein soll.[313] Politische Gefangene, darunter Bao Tong, Ren Wanding, Gao Yu, Zhang Xianliang und Fu Shenqi, hatten 1995 Schwierigkeiten, rechtzeitige und angemessene medizinische Behandlung zu erhalten.

Im Dezember 1994 erließ die chinesische Regierung ein neues «Gefängnisgesetz», um die Behandlung der Inhaftierten zu verbessern und die Achtung ihrer Rechte zu stärken. Dennoch stellt der amerikanische Menschenrechtsreport 1995 fest, daß die Bedingungen in den Strafinstitutionen Chinas nach wie vor hart und oft herabwürdigend sind. Auch seien die Ernährung und medizinische Versorgung schlecht.

Im Jahr 1994 berichtete die Staatsanwaltschaft 39 342 Gesetzesverstöße in Gefängnissen, von denen 17 823 korrigiert worden seien. Besuche internationaler Organisationen in den Gefängnissen sind nicht möglich.[314]

Berichte aus einzelnen Gefängnissen

1. Drapchi-Gefängnis in Lhasa

In diesem Gefängnis werden Häftlinge brutal mißhandelt. So ist der 1989 für 19 Jahre inhaftierte Mönch Ngawang Phulchung von Wärtern geprügelt worden, weil er im April 1991 Häftlingsproteste unterstützt hatte.[315] Im Drapchi-Gefängnis versuchten 1991 zwei Gefangene US-Diplomaten eine Petition zu übergeben. Sie und eine Reihe unterstützender Gefangener wurden mit Schlägen und zum Teil mit Fesselungen bestraft.[316] Die Nonne Phuntsog Yangkyi (* 1972) verstarb am 4. Juni 1994 im Polizeikrankenhaus von Lhasa an den Folgen von Mißhandlungen, die sie im Drapchi-Gefängnis erlitten hatte.[317]

2. Qincheng-Gefängnis (Nr. 1), Peking

Das Gebäude wurde 1911 noch unter der Qing-Dynastie errichtet; es ist von einer vier Meter hohen, auf der Krone mit Stacheldraht gesicherten Ziegelsteinmauer umgeben und wird von 520 Wächtern bewacht. 1991 war Xu Zhenli Direktor dieses Gefängnisses, in dem der Demokrat aus der 78er Bewegung Xu Wenli für 15 Jahre inhaftiert ist. Im Gefängnis befinden sich 1900 Insassen. Zwischen 1966 und 1976, in der Kulturrevolution, waren 70 Prozent der Gefangenen aus politischen Gründen inhaftiert, davor, 1965, waren es 40 und nach dem Beginn der Dengschen Reformen 1981 noch drei Prozent.[318] Die starke Abnahme der Anzahl politischer Gefangener beruht auf den zahlreichen Rehabilitationen nach Ablösung der ultralinken Fraktion der KP («Viererbande»). Das Gefängnis wurde wegen seiner vielen politischen Gefangenen als «chinesische Bastille» bezeichnet.[319] Nach Chen Xuanling[320] handelt es sich bei dem Gefängnis Nr. 1 um ein Vorzeigegefängnis, das auch ausländischen Besuchern vorgeführt werde. Noch jede Diktatur benutzte dieses Mittel, um die Öffentlichkeit über die allgemeinen Verhältnisse hinwegzutäuschen. So richteten die Nazis Oranienburg als ein Vorzeigelager für die internationale Presse her. Um so bedrückender sind die Schilderungen gerade aus dem Qincheng-Gefängnis, da sie auf eine noch unmenschlichere Situation in anderen Anstalten schließen lassen:

Von dem Häftling Xu Wenli wird berichtet, daß er ein Tagebuch aus dem Gefängnis Nr. 1 in Peking habe schmuggeln lassen können, darauf aus seiner Zelle geholt und in ein fensterloses, feuchtes Verlies gesperrt worden sei, in dem er nicht stehen konnte und das von Flöhen und anderen Insekten wimmelte. Er hatte kein Bett, nur eine Matte auf dem Betonestrich, in dem sich eine Öffnung befand, die als Toilette diente. Das Licht brannte Tag und Nacht, und eine Videokamera hielt jede Regung des Gefangenen fest.[321] Dreieinhalb Jahre war der Dissident in diesem Loch lebendig begraben. Seine Frau konnte Xu Wenli nach mehreren Jahren erstmalig im April 1989 besuchen. Sie berichtete:

«Er sah aus wie ein Skelett, mit eingefallenen Wangen, und viele Zähne waren ausgefallen. Während des Treffens im Besucherraum zitterte er am ganzen Leibe und weinte unkontrolliert. Die acht Gefängniswärter verboten der Familie jede Umarmung – sie durften sich nur über einen Tisch hinweg die Hände schütteln.»[322]

Trotz seiner Funktion in der Auslandspropaganda wurde im Qincheng-Gefängnis gefoltert: Ein 1989 wegen seiner Beteiligung an der Demokratiebewegung verhafteter Student weigerte sich, ein willkürlich aufgesetztes «Geständnis» zu unterzeichnen. Darauf wurde er mit einer Eisenstange geschlagen. Die Hände waren ihm über eine Woche lang mit Handschellen hinter dem Rücken gefesselt.[323]

3. Gefängnis Nr. 2 in Peking, Taicheng-Gefängnis

Taicheng ist ein Gefängnis ausschließlich für politische Häftlinge.[324] Weitere Pekinger Gefängnisse für Politische sind die Anstalten Caolanzi, Banbuqiao, Gongdelin und Baoju.[325]

4. Provinzgefängnis Nr. 1 von Shaanxi in Fuping

Unter «harten Haftbedingungen», die Mißhandlungen einschließen, befinden sich «mehrere hundert» Anhänger der religiösen Geheimgesellschaft *Yi'guan'dao* seit den 50er Jahren in diesem Gefängnis.[326] Ein ehemaliger Häftling bezeichnete dieses Gefängnis als «Hölle», in der Gefangene aufgrund von «Hungerdiäten» und ständigen Mißhandlungen gestorben seien.[327]

5. Provinzgefängnis Nr. 2 von Shaanxi in Weinan

In dem Gefängnis verbüßen seit 40 Jahren «knapp 100» Anhänger der *Yi'guan'dao* ihre exorbitanten Haftstrafen.[328]

6. Huanghua, Haftzentrum Nr. 1 von Guangzhou (Kanton)

Laut *amnesty international* wurde Anfang der 90er Jahre in dem Gefängnis ein Folterverfahren, genannt das «Tigerbett» (*laohu chuang*), angewandt. Gefangene wurden mit gespreizten Gliedern auf eine flach über dem Boden liegende Türe gefesselt, in die für die Notdurft in der Mitte eine Öffnung eingelassen war. Das Verfahren wurde auch in der Provinz Hunan eingesetzt, im Provinzgefängnis Nr. 3 in Lingling und im Haftzentrum Nr. 1 der Provinzhauptstadt Changsha.[329]

7. Gefängnis Hanyang in Hunan

Aus dem Gefängnis wurden Mißhandlungen der Gefangenen seitens der Wärter und ihrer Vertrauensleute bekannt. Unter anderem wurden die in Einzelhaft befindlichen politischen Gefangenen Lin Zhiyong und Feng Haiguang brutal geprügelt.[330]

8. Shanghai, Hauptgefängnis

1991 wurde die Grundschullehrerin (Sha) Zhumei (* 1919; die Namensschreibweise ist in der Literatur unklar) verprügelt, weil sie ihr Arbeitspensum nicht schaffte. Dabei erlitt sie Knochenbrüche und konnte später nicht mehr gehen.[331] Es ist nicht klar, ob es sich bei diesem Gefängnis um das Huangpu-Gefängnis handelt, das 1986 von mangelnder Hygiene und Überfüllung gekennzeichnet war. In vier Quadratmetern messenden Zellen befanden sich bis zu zehn Häftlinge.[332]

Die Todesstrafe

Von der Todesstrafe wird exzessiver Gebrauch gemacht. In der «Antikriminalitätskampagne» 1983 wurden nach Schätzungen 600 bis 20000 Kriminelle und Konterrevolutionäre hingerichtet. Nach anderen sollen zwischen August 1983 und Januar 1984 5000 bis 9000 Menschen exekutiert worden sein, im Jahr 1984 wurden 10000 Hinrichtungsopfer gezählt.[333] *amnesty international* gab für 1990 960 Todesurteile an, von denen 750 vollstreckt worden seien, für 1991 wurde die Zahl von 1600 bei 100 Vollstreckungen genannt.[334] 1992 berichtete *amnesty international* 1891 Todesurteile und 1079 Exekutionen. 1993 wurden 2564 Todesurteile registriert, mindestens 1419 wurden vollstreckt. Diese Zahl entspricht 62 Prozent der Todesurteile weltweit![335] Allein während der Vorbereitung des Nationalfeiertages 1993 (30. Oktober) wurden in kurzer Zeit 100 Todesurteile vollstreckt, darunter an acht Delinquenten, die Unterschlagungen begangen haben sollen.[336] 1994 wurden 2780 Todesurteile ausgesprochen und über 2050 ausgeführt. Damit sind 1994 in China «dreimal mehr Hinrichtungen bekannt geworden, als in allen anderen Staaten der Welt zusammen. Die Zahlen für das erste Halbjahr 1995 lagen bei rund 1800 Todesurteilen und 1147 Exekutionen.»[337]

Tabelle 2: Todesurteile[1]

Jahr	Anzahl ausgesprochener Todesurteile	Vollstreckte Todesurteile
1983	600–20 000	exakte Zahl unbekannt
August 1983–Januar 1984	5 000–9 000	exakte Zahl unbekannt
1984	10 000	exakte Zahl unbekannt
1990	960	750
1991	1 600	100
1992	1 891	1 079
1993	2 564	1 419
1994	2 780	2 050
1995 (1. Halbjahr)	1 800	1 147
Mai–Juni 1996	500	500

[1] 1983–1984: Cohen, Roberta: People's Republic of China: The Human Rights Exception. In: Human Rights Quarterly, November 1987.
1990–1995: Amnesty International: Volksrepublik China, Reformen ohne Menschenrechte – Staatliche Willkür in China, Bonn 1996.
1996: Iiefang Ribao laut dpa nach Frankfurter Rundschau, 26. 06. 1996.

In Krisenzeiten werden die Todesurteile zur Abschreckung öffentlich vollstreckt. So wurden im April 1991 in Kanton 26 Kriminelle in verschiedenen Stadtteilen vor Tausenden Zuschauern hingerichtet.[338] Anonyme Quellen in China selbst geben *amnesty international* zufolge die Zahl der jährlichen Exekutionen mit 20 000 an.[339]

China ist wohl das einzige Land, das seine Bürger über den Tod hinaus kontrolliert. Die Testamente der Hingerichteten werden zensiert, und alle politischen oder das Justizverfahren kritisierenden oder die eigene Unschuld ausdrückenden Stellen werden zurückgehalten und nicht einmal den engsten Angehörigen zugänglich gemacht. Nach der sprunghaften Zunahme von Exekutionen 1983 und 1984 wurde am 11. Januar 1984 ein «Zirkular» in Umlauf gebracht, in dem es heißt:

«… eine kleine Minderheit von Kriminellen, die zum Tode verurteilt wurden, hat die Gelegenheit, Briefe zu schreiben und Testamente zu hinterlassen, als ein Mittel benutzt, Verleumdungen zu verbreiten, um die Grundzüge von Richtig und Falsch zu verwirren und den Verstand der Leute zu vergiften. (...) Solche Teile, die von verleumderischer Natur sind oder reaktionäre Aussagen darstellen, sind der Familie nicht auszuhändigen.»[340]

Nicht zu übertreffende Menschenverachtung drückt sich in dem Mißbrauch der Delinquenten als Organspender aus. Nieren oder Hornhäute der Augen werden teilweise bereits in der Nacht vor der Hinrichtung entnommen. Es kommt auch zu bewußt «verpfuschten» Tötungshandlungen, um an vitale Organe zu gelangen. Auch finden Vivisektionen statt.[341] Pro Jahr sollen getöteten Gefangenen zwischen 2000 und 3000 Organe (Leber, Herzen und Hornhäute) entnommen werden.[342] Nach *amnesty international* stammen bis zu 90 Prozent der transplantierten Nieren von Exekutionsopfern.[343] Die Exekutionskommandos schießen entweder ins Herz oder in den Kopf, je nachdem, welche Organe benötigt werden. Wenn keine Bestellungen aus Hongkong oder von reichen Auslandschinesen vorliegen, werden die Organe aufgrund einer ZK-Anweisung für verdiente «Helden der Revolution» bereitgehalten.[344]

Die Praxis geht offensichtlich auf die Zeit der Kulturrevolution zurück. Eine Lehrerin wurde hingerichtet, weil sie Li Jiulian unterstützt hatte, die die Kulturrevolution und Lin Biao in Frage gestellt hatte und dafür exekutiert worden war. Die Nieren der Lehrerin wurden für irgendeine VIP vor der Exekution entnommen.[345] *amnesty international* führt diese Praxis darauf zurück, daß es in China kein freiwilliges Spendersystem gibt, und vermutet, daß bisweilen die Verhängung und die Vollstreckung von Todesurteilen mit dem Bedarf an bestimmten Organen zusammenhänge.

Die Todesstrafe kann für zwei Jahre ausgesetzt und bei «Bewährung» in lebenslange oder befristete Haft umgewandelt werden.

Export oder Menschenrechte?

Die Haltung der offiziellen deutschen Politik

In der Presse wurde die spezifische Haltung der Bundesregierung und anderer westlicher Staaten als das *China-Syndrom*[346] bezeichnet, das in der Fixierung auf die augenblicklich Mächtigen ohne konsequente Rücksicht auf die Unterdrückten und ihrer Freiheitsrechte Beraubten besteht. Unter dem Eindruck des Massakers in Peking hatte der Bundestag am 16. und 23. Juni 1989 einstimmig den Abbruch der wirtschaftlichen Zusammenarbeit und der politischen Kontakte beschlossen. Die harte Linie wurde am 30. Oktober 1990, also bereits nach einem Jahr, aufgegeben,

> «um durch eine begrenzte und gezielte Ausweitung der deutsch-chinesischen Zusammenarbeit auch auf eine Verbesserung der Menschenrechte in der Volksrepublik China und zur Unterstützung politischer Reformbestrebungen hinzuwirken».[347]

Der Antrag, die Sanktionen gänzlich aufzuheben, wurde von den Koalitionsparteien ausgerechnet am Internationalen Tag der Menschenrechte 1992 eingebracht, was den SPD-Abgeordneten Volker Neumann (Bramsche) veranlaßte, vom «ungeheuren Zynismus» dieses Vorgehens zu sprechen.[348] Die Fraktion der SPD hatte am 12. Dezember 1991 den Antrag an das Parlament gestellt, die Beschlüsse vom 15. und 23. Juni 1989 beizubehalten.[349] Der SPD-Abgeordnete Rudolf Bindig begründete den Antrag, nachdem er die universelle Geltung der Menschenrechte als überstaatliches Recht bekräftigt hatte:

> «Mit einem Land, das sich Grundtrends der internationalen Menschenrechtsdiskussion entgegenstellt, kann es keine volle Normalisierung der Beziehungen geben. Wer sich so gravierend

von den Normen des Völkerrechts entfernt, kann auch keine Normalität erwarten.»[350]

Selbst aus den Reihen der Regierungskoalition wurde Kritik an der Revision der restriktiven Chinapolitik geäußert. Die CDU-Abgeordneten Heinz-Adolf Hörsken und Wolfgang Vogt trugen vor:

«Der Besuch des Bundesaußenministers hat zudem international eine stabilisierende Funktion für das Regime Li Peng gehabt. (...) Die Politik, auf wirtschaftliche Förderung zu setzen und dabei auf vielleicht folgende Verbesserungen im Bereich der Menschenrechte zu hoffen, wird ja auch im vorliegenden Antrag mit vielen Fragezeichen versehen. Es ist klar die Rede von der ‹Gefahr von Rückschlägen›, gemeint sind Folter, Elend und Tod für die demokratische Opposition. Eine angestrengte ‹Normalisierung der wirtschaftlichen Beziehungen› und sogar eine ‹Intensivierung des Handelsaustausches› freut zwar die deutsche und die chinesische Wirtschaft. Diese Absichten sind aber ein Schlag ins Gesicht derer, die sich um eine konkrete Verbesserung der innenpolitischen Situation in China und um Hilfe für die vielen politischen Häftlinge kümmern. Eine Amnestie für die Mitglieder der Demokratiebewegung ist realistischerweise ohne außenpolitischen Druck nicht zu erwarten. Die vielen bereits vollstreckten Todesurteile sprechen eine deutliche Sprache.»[351]

Die Aufhebung der Restriktionen sehen die beiden Abgeordneten als eine «Bankrotterklärung der deutschen Menschenrechtspolitik». Die offizielle Politik scheint mit einer gewissen Gleichgültigkeit der Mehrheit der Bürger rechnen zu können, jedenfalls wurde von der öffentlichen Meinung kein Druck dahingehend ausgeübt, die Aufhebung der Beschlüsse zu unterlassen. Die resignative Feststellung von Richard B. Bilder:

«Die meisten Leute haben nur begrenzte Kentnisse von Vorgängen im Ausland, genug eigenen Ärger und genug Betätigungsfeldere, für altruistische Motive in ihrer eigenen Gemeinschaft oder in ihrem Land. Manchmal mögen wir Sympathie mit Opfern fremder Unterdrückung empfinden oder sogar eine Neigung für gewaltsames Handeln, aber die betroffenen Menschen sind weit weg und fremd, und im Grunde fühlen sich die meisten von uns nicht besonders betroffen.»[352]

hatte sich in diesem Falle als zutreffend erwiesen. Bereits 1991 (25.5.–1.6.) bereitete der damalige, beamtete Staatssekretär Dr. Siegfried Lengl (CSU) vom Bundesministerium für wirtschaftliche Zusammenarbeit in Peking Gespräche zur ökonomischen Kooperation vor, nachdem er sich auch schon im Herbst 1990 in ähnlicher Mission in China aufgehalten hatte. 1991 hat

«der Staatssekretär (…) den grausamen alten Mann umarmt, der bei dem Massaker an der Macht war und noch heute an der Macht ist, den chinesischen Ministerpräsidenten Li Peng. Während Tausende der damals denunzierten und verhafteten chinesischen Demokraten im Gefängnis sitzen oder vor dem Tribunal stehen, erklärt der Herr Staatssekretär Presseberichten zufolge, (…) ‹die jetzige stabile Lage in China habe ihn tief beeindruckt›.»[353]

Der damalige Bundeswirtschaftsminister Jürgen Möllemann versuchte, sich über die noch vorhandenen Einschränkungen des Parlamentes hinwegzusetzen, indem er der chinesischen Regierung einen Kredit von 600 Millionen Mark offerierte, mit einem Zuschußanteil von 150 Millionen Mark aus der Tasche des deutschen Steuerzahlers.[354]

In der sogenannten «Asien-Offensive» der Bundesregierung unter Bundeskanzler Helmut Kohl geht es um Exportmöglichkeiten und die «Eroberung» eines Marktes, der wegen seiner schieren Größe den Charakter eines Fetischs anzunehmen scheint, der das kritische, wertorientierte Denken ausschaltet. Der Begriff Asien-Offensive war zuerst 1993 vom Bundeskanzler benutzt worden. Er hatte eine Arbeitsgruppe zur Ausarbeitung einer spezifischen Asienpolitik ins Leben gerufen. Mitglieder waren der Bundeskanzler, der damalige CDU-Abgeordnete Günter Klein, Fraktionschef Wolfgang Schäuble, der Unternehmer und CDU-MdB Rainer Haungs sowie der außenpolitische Experte Karl Lamers. Offensichtlich ist also die äußerst vorsichtige und zurückhaltende Behandlung der Menschenrechtsfrage hinsichtlich Chinas ein kalkuliertes Vorgehen. Nicht anders der Rekurs auf den Mangel an Arbeitsplätzen hier, der die Preisgabe aller christlich-humanitären Inhalte rechtfertigen soll, sobald ein ferner Kontinent betreten wird. Unverstellt vertrat diese Meinung bereits 1993 vor dem Kanzlerbesuch in China der Entwicklungsminister Carl-Dieter Spranger (CSU), indem er ausführte,

> «...angesichts von Arbeitslosigkeit und Rezession in Deutschland dürften die Chancen des riesigen chinesischen Marktes mit derzeit zwölf Prozent Wirtschaftswachstum nicht verpaßt werden.»[355]

Drei Jahre nach dem Massaker auf dem Platz des Himmlischen Friedens hob die konservativ-liberale Mehrheit im Deutschen Bundestag alle wirtschaftlichen und politischen Sanktionen auf. Enge Kooperation fördere die demokratische Entwicklung am ehesten, war die neue Leitlinie. Unverhüllt formulierte Bundesaußenminister Klaus Kinkel die neue, alte Politik vor dem Deutschen Bundestag am 24. Juni 1992: «Die chinesische Volkswirtschaft wächst mit überdurchschnittlichen Raten. Als Exportland haben wir ein entschiedenes Interesse daran, uns den Zugang zu diesem Markt zu erhalten.»

Gleichzeitig tritt der Freidemokrat für die Universalität der Menschenrechte ein und bezeichnet auch deutlich ihre Mißachtung in China:

«Weder der Hinweis auf unterschiedliche kulturelle Traditionen und das Bedürfnis nach innerer Stabilität noch die Forderung nach Nichteinmischung in innere Angelegenheiten dürfen uns davon abhalten. China hat im übrigen selber, was Menschenrechtsfragen anbelangt, die Einhaltung und Wahrung der Menschenrechte anderswo gefordert.»[356]

In der realen Politik nimmt allerdings die Hinwirkung auf eine Demokratisierung der inneren Verhältnisse zunehmend einen zweiten Rang ein. Der Bundesaußenminister beispielsweise hat in einem Interview mit *Radio China International* 1992 in Peking erklärt:

«Ich werde mich in den Ausschüssen des Deutschen Bundestags dafür einsetzen, daß die Beschlüsse, die wegen der Ereignisse von 1989 ergangen sind, wenn es irgendwie geht, aufgehoben werden.»

Der eigentliche Grund dafür, vom Thema Menschenrechte fast ganz abzusehen, war die Tatsache, daß die deutsche Wirtschaft 1992 für 5,7 Milliarden Mark Waren nach China geliefert, aber Importe in Höhe von 11,6 Milliarden Mark getätigt hatte. Es sei ein besonderes Anliegen Bonns, so sagte Bundeswirtschaftsminister Günter Rexrodt während seiner Chinareise im März 1993, den deutschen Export wieder auf Touren zu bringen.[358] Das Thema Menschenrechte habe er so angesprochen, daß die Botschaft unmißverständlich gewesen, doch nicht zum Gesprächsgegenstand geworden sei. Sie wird dann wohl so verwaschen gewesen sein, daß selbst die chinesische Seite nicht einmal ihren abwiegelnden Standpunkt hat äußern wollen. Wichtiger war wohl, daß während des Besuches Verträge für 1,8 Milliarden Mark unterzeichnet wurden, eine Summe, die sich von April bis September 1993 noch einmal um 1,2 Milliarden Mark erhöhte. Anläßlich des Besuches der chinesischen Ministerin für Außenwirtschaft und wirtschaftliche Zusammenarbeit am 22. September 1993 in Bonn sind Verträge für weitere 1,55 Milliarden Mark zustande gekommen. Das Handelsbilanzdefizit hat sich dennoch keineswegs verringert. 1995 standen deutschen Einfuhren aus China im Wert von 16 Milliarden Mark Ausfuhren von 10,6 Milliarden Mark gegenüber.[359]

Die chinesische Regierung zeigt durch Handlungen, wie die angebliche «Verbesserung durch Kooperation» bisher wirkte: Im Dezember 1994 hat ein Pekinger Gericht neun Dissidenten zu Haftstrafen von drei bis 20 Jahren verurteilt.[360] Der Standardvorwurf lautete: «konterrevolutionäre Vergehen». Dieses von allzu gemäßigten westlichen Ermahnungen völlig unbeeinflußte Vorgehen beweist, daß marktwirtschaftliche Fortschritte keineswegs auch die Verwirklichung der Menschenrechte und politische Freiheiten voranbringen. Nicht nur die Bundesregierung ist zu kritisieren, auch US-Präsident Bill Clinton hat seine einstige Koppelung von Außenwirtschafts- und Menschenrechtspolitik spätestens im Mai 1994 aufgegeben, als er der Volksrepublik China die Meistbegünstigungsklausel (*Most Favoured Nation*) einräumte und gleichzeitig ankündigte, die Entscheidung über Handelsfragen nicht mehr von der jeweiligen Menschenrechtslage abhängig zu machen. Unmittelbar darauf wurden Andersdenkende in China «so unverhohlen und brutal» verfolgt, wie es die Machthaber seit dem Massaker von 1989 nicht mehr gewagt hatten.[361]

Spätestens die Reise des deutschen Bundeskanzlers Helmut Kohl nach Peking vom 15. bis 17. November 1993 zeigte, daß von nun an nur noch das Geschäftliche zählte. «Allein die Verträge und Vorvereinbarungen, die wir im Laufe dieses Besuches unterschrieben haben, belaufen sich auf sieben Milliarden Mark», ließ sich der Bundeskanzler vor der internationalen Presse vernehmen. Allerdings sind nur für drei Milliarden Mark Verträge, Vorverträge und Absichtserklärungen unterzeichnet worden, die laut Wirtschaftsminister Rexrodt während der Kohl-Reise «höchstwahrscheinlich verwirklicht würden». Für die Verwirklichung von Abmachungen auf den Feldern Telekommunikation und Energie sei die Wahrscheinlichkeit «nicht so hoch». Darüber hinaus seien weitere Vereinbarungen im Wert von unter zwei Milliarden Mark getroffen worden.[362] Daraus kann gefolgert werden, daß der angeblich so hohe ökonomische Nutzen der sehr zurückhaltenden Politik in Sachen Menschenrechte äußerst fraglich ist. Der Kanzler überreichte die von nun an obligatorische Liste mit den Namen von 20 inhaftierten Dissidenten und ging im übrigen mit keinem Wort vor der Presse in Peking auf das blutige Niederwerfen der Demokraten in Peking ein. Er teilte lediglich mit, er habe seine Gesprächspartner auf die «große Bedeutung dieser Frage [der Menschenrechte] in Deutschland hingewiesen».[363] Kohl sagte allerdings in seiner einzigen öffentlichen Rede, Marktwirtschaft könne ohne Rechtsstaatlichkeit nicht funktionieren. Die SPD hielt Kohl einen «zynischen Umgang mit Menschenrechten» vor. Sie charakterisierte die Reise mit der Aussage, der Bundeskanzler habe sich «politisch und wirtschaftlich» einkaufen lassen.[364] Fraglich muß da die Äußerung des mitgereisten Präsidenten des Bundesverbandes der Deutschen Industrie (BDI), Tyll Necker, bleiben, es werde keine deutsch-chinesischen Geschäfte auf Kosten der Menschenrechte geben.

Es ist von großem Interesse zu erfahren, was mit den überreichten Listen eigentlich geschieht. So teilte die damalige Staatsministerin im Außenamt, Ursula Seiler-Albring (FDP) am 3. März 1994 vor dem Deutschen Bundestag mit, daß

> «...die chinesische Regierung eine pauschale Antwort gegeben [habe]: Einige der Verurteilten seien inzwischen freigelassen worden, zwei seien nicht identifizierbar, die übrigen seien «Gesetzesbrecher», verurteilt wegen Diebstahls von Staatsgeheimnissen.»[365]

Eine derart ungenaue Anwort überrascht nicht, wenn man liest, wie Ministerpräsident Li Peng auf die Überreichung einer Liste von politischen Gefangenen und verfolgten Christen reagierte. Er sagte dem Außenminister Klaus Kinkel: «Wollen Sie jetzt etwa noch Justizminister von China werden? Ich nehme das jetzt widerwillig mit. Doch wir schicken für die Bearbeitung eine Rechnung.»[366]

Diese Art Demarche hat offensichtlich wenig Erfolg und dient eher dem Versuch, die heimische kritische Öffentlichkeit zu beruhigen. Die ausschließlich an wirtschaftlichen Überlegungen orientierte Politik formulierte der Bundesaußenminister nach der Kohl-Reise vor dem Deutschen Bundestag so:

> «Wäre die deutsche Wirtschaft auf den Wachstumsmärkten Südostasiens und Chinas so präsent wie die japanische Wirtschaft bei uns in Europa, hätten wir ein paar Beschäftigungsprobleme weniger. Fachleute sprechen von mindestens 400 000 zusätzlichen Arbeitsplätzen, die dadurch möglich würden.
>
> Die Bundesregierung wird die Wirtschaft bei ihren Anstrengungen um den asiatischen Markt mit aller Kraft unterstützen. Wir sitzen bei der Vertretung deutscher Interessen hier absolut in einem Boot.»[367]

Was die Durchsetzung der Menschenrechte angeht, stellte Kinkel in derselben Rede ihre universale, überstaatliche Geltung in Frage und redete plötzlich in phraseologischer Weise dem kulturellen Relativismus das Wort:

> «Stichwort: Menschenrechte. Wir können nicht davon ausgehen, daß unsere Modelle unbesehen von den asiatischen Staaten, wie überhaupt von der Dritten Welt, übernommen werden. Wir können nicht meinen, sie mit Druck allein auf die Führungen durchsetzen zu können. Nein, die Auseinandersetzung mit asiatischer Geschichte und Kultur müssen wir offen führen, anders führen.»

Es soll nicht verschwiegen werden, daß Kinkel auch einige nicht näher beschriebene Erfolge, das bedeutet Freilassungen Inhaftierter, verkündete. Im «Menschenrechtsbericht der Bundes-regierung 1993» wird die Entwicklung in China äußerst ober-flächlich als von einem «internationalen Dialog» geprägt dargestellt. Konkrete Zahlen oder Zustände werden nicht ange-sprochen. Als politische Maßnahmen wird auf die «Stetigkeit und Qualität» des Menschenrechtsdialogs sowie auf Demar-chen verwiesen.

Trat der Bundeskanzler 1993 bereits als eine Art *Handlungs-reisender* der deutschen Wirtschaft in China auf, so steigerte Kohl den Opportunismus noch dahingehend, daß er 1995 wäh-rend seines letzten Chinabesuches der Volksbefreiungsarmee einen Besuch abstattete, gerade jener Einheit, die während des Massakers 1989 besonders brutal vorgegangen war. Folgerich-tig wurde dann das Bonner Regierungsviertel anläßlich des Besuchs von Staatspräsident Jiang Zemin 1995, der für die all-tägliche Repression in seinem Land verantwortlich ist, abge-sperrt, um dem Gast den Anblick unliebsamer Demonstrationen zu ersparen. Daß Bundespräsident Roman Herzog eine Liste von 15 politischen Gefangenen, deren Freilassung Menschenrechts-organisationen verlangen, überreichte, hat wohl eher rituellen Charakter und diente der Beruhigung des demokratischen Ge-wissens und der Presse. Die Mahnung des ranggleichen Bundes-präsidenten, Politik müsse immer auch dem Wohl und Recht des einzelnen Bürgers dienen, war so allgemein formuliert, daß die chinesischen Autokraten nicht einmal zögern würden, ihr beizu-pflichten.

Außenminister Klaus Kinkel (FDP) habe die Haltung der Bun-desregierung zur Menschenrechtslage dargelegt und ebenfalls eine Liste mit politischen Gefangenen überreicht, hieß es. Immer-hin soll er einzelne Fälle angesprochen haben. Diese *Listenpolitik* ist nicht mehr als Augenwischerei, wenn auch selbstverständ-lich zu hoffen ist, daß einzelnen Inhaftierten damit geholfen wird. *amnesty international* stellt die entsprechenden Listen auf Anfrage der Regierung zusammen und sieht durchaus die

Problematik des Vorgehens, hofft aber Verbesserungen für Opfer durchsetzen zu können:

> «Der Gefahr, als reines Alibi mißbraucht zu werden, setzt sich *amnesty international* aus, weil die Menschenrechtsorganisation hofft, daß mit dem Überreichen der Listen positive Ergebnisse für die Opfer der chinesischen Repressionspolitik verbunden sind.»[368]

Die chinesische Regierung sieht sich aber eher in der Weise an solche Listen gebunden, daß sie sie benutzt, um ausländischen Staatsgästen «eine Lektion zu erteilen»: Wei Jingsheng, dessen Name an erster Stelle der Liste stand, die der Bundeskanzler anläßlich seines letzten Besuches in Peking überreichte, wurde bewußt noch während des Besuches zu weiteren 14 Jahren Haft verurteilt, um die deutsche Politik für den «verpatzten» Besuch des für das Massaker von 1989 verantwortlichen Ministerpräsidenten Li Peng 1994 zu «bestrafen». Kritik an der Übergabe, oder besser der Beschränkung auf die Übergabe, von Listen wurde auch im Deutschen Bundestag geäußert. Wolfgang Ullmann (Bündnis 90/Die Grünen) erklärte schon 1993:

> «Eine unzweideutige Menschenrechtspolitik darf sich nicht darauf beschränken, meine Damen und Herren, wie zu DDR-Zeiten Namenslisten in unverbindlicher Art zu überreichen. Sie muß der Weltöffentlichkeit glaubwürdig machen, daß ein Regime, das gegen seine höchstrangige Kultur den Vandalismus der Kulturrevolution angezettelt und den in aller Welt berühmten Platz des Himmlischen Friedens in einen Platz der blutigen Barbarei verwandelt hat, unter den zivilisierten Nationen auf keine Achtung rechnen kann. (...) Rechtsstaat kann auf unserem Planeten heute nur der Staat genannt werden, der sich als Menschenrechtsstaat bekennt und auch bewährt.»[369]

Die Politologie hat längst erkannt, daß immer dann, wenn Gesten der Betroffenheit mit geringer Verpflichtung und mit geringem Risiko ausgeführt werden können und wenn auf einer rhetorischen und formalen Ebene Fragen der Menschenrechte verhandelt werden können, Regierungen dies für angebracht halten. Sobald aber die Unterstützung fremder Opfer wesentliche außenpolitische Risiken mit sich brächte, wird sie unterlassen.[370]

Es stellt sich die Frage, ob etwa ein während des Besuches von Staatspräsident Jiang Zemin 1995 geschlossenes Abkommen mit einem Investitionsvolumen von 1,4 Milliarden Mark zwischen der Mercedes Benz-AG und der South China Motor Corporation über den gemeinsamen Bau von Motoren, Autos und Bussen durch eine deutliche Aussprache der eklatanten Mißstände in China, wie es der wirtschaftspolitische Sprecher der SPD-Fraktion im Bundestag, Uwe Jens, verlangte, nicht zustande käme. Unterstellt, daß es so wäre, ergäbe sich die Frage: Ist eine humanistische Politik, die sich sittlich an der Durchsetzung der allgemeinen Freiheitsrechte orientierte, um den Preis wirtschaftlicher Einbußen möglich? Sicherlich würden andere Lieferanten anderer Länder ohne moralische Bedenken einspringen, sicherlich könnte bei konsequenter Verfolgung einer an sittliche Normen gebundenen Außenwirtschaftspolitik der Lebensstandard zurückgehen. Die relative «Armut» unserer Gesellschaft wäre nur dann keine Gefahr für den Bestand unserer zivilen Gesellschaft, wenn durch umfassende Aufklärung und einen anhaltenden öffentlichen Diskurs über die Ziele der Politik deutlich gemacht würde, daß eine ethisch fundierte Außenpolitik materielle Opfer lohnt, weil damit, christlich gesprochen, dem Nächsten Liebe, das heißt politische Solidarität, entgegengebracht würde.

Politisch Verantwortliche in der Republik vertreten diese Haltung, ohne daß sie sich bisher als Grundlinie hat durchsetzen können. So sagte der Bremer Bürgermeister Henning Scherf (SPD) anläßlich der Verleihung des Solidaritätspreises der Hansestadt Bremen an den freien Gewerkschafter Han Dongfang:

«Wir wollen und dürfen durch Verschweigen und Wegsehen, um die Wirtschaftspartner nicht zu verärgern, nicht zum Komplizen derer werden, die Menschenrechte mißachten.»[371]

Auch in der CDU gibt es Politiker, die kritisch auf die Verhältnisse in China schauen: So äußerte der damalige Delegationsleiter des Unterausschusses für Menschenrechte des Deutschen Bundestages, Heribert Scharrenbroich, nach einer Chinareise des Ausschusses vom 12. bis 18. April 1993 Sorgen über die mögliche Verurteilung von Dissidenten als Kriminelle. Andere Mitglieder des Ausschusses kritisierten schwere Menschenrechtsmängel.[372]

Mit dem Rücktritt der Justizministerin Sabine Leutheusser-Schnarrenberger 1995 ist allerdings die bis zum Opportunismus vorsichtige Linie der Bundesregierung noch mehr in den Vordergrund getreten. Die ehemalige Ministerin hatte dem chinesischen Justizminister Yang Xiao während seines Besuches in Bonn am 28. 3. 1994 ungewöhnlich deutliche Worte über den Umgang der Regierung in Peking mit Oppositionellen gesagt. Sie vertrat die universelle Geltung eines Grundbestandes der Menschenrechte, die Yang Xiao mit der bekannten relativistischen Position konterte, «Menschenrechte müßten im Zusammenhang mit der gesellschaftlichen Ordnung, der wirtschaftlichen Entwicklung und dem kulturellen Hintergrund eines Landes gesehen werden».[373]

Auch sie hatte eine Liste mit 18 Namen politischer Häftlinge übergeben, die Xiao zurückwies, mit der erwiesenermaßen falschen Angabe, elf der Genannten existierten nicht, nur zwei befänden sich im Gefängnis.

Wie eng und direkt die Verknüpfung von ökonomischen Interessen mit einer zurückhaltenden Politik hinsichtlich der Menschenrechte auch bei anderen Staaten des Westens ist, zeigt das Verhalten von Mitgliedern der US-Handelskammer, die US-Außenminister Warren Christopher bei einem Besuch im April

1994 in Peking zu Gesprächen über die Gewährung der Meistbe-günstigung für die Volksrepublik China vor einer Verknüpfung der Diskussion über Handelsbestimmungen und Menschen-rechte warnten. Sie führten aus, die Arbeitsplätze von mehr als 167 000 Amerikanern im Bereich der Hochtechnologie hingen von der fortdauernden Gewährung der Meistbegünstigung ab.[374] Außerdem belief sich das amerikanische Handelsbi-lanzdefizit im Handel mit China bereits 1993 auf 20 Milliarden Dollar und soll bis zum Januar 2000 sogar das extrem hohe Ne-gativsaldo mit Japan noch übertreffen.[375] Die amerikanische Außenpolitik ist also keineswegs frei, auf die Durchsetzung der Menschenrechte in China konsequent einzuwirken, weil sie kaum wirksame Druckmittel in der Hand hält. Immerhin sind die USA Abnehmer von rund einem Viertel aller Exporte Chinas, eine Größe, die nur auf den ersten Blick der amerikanischen Seite einen gewissen Einfluß zu geben scheint, denn der amerikani-sche Handel ist auf die Billigimporte angewiesen.

Die deutsche Chinapolitik ist jedenfalls vorerst mit ihrer un-entschiedenen, wankelmütigen Haltung zwischen Kommerz und Wertorientierung gescheitert. Zunächst reichte im Frühjahr 1996 der lange Arm Pekings bis nach München, wo «Chinesi-sche Kulturwochen» geplant wurden, in deren Rahmenpro-gramm unter anderem die Kritiker der chinesischen Mißachtung der Menschenrechte Harry Wu, Wei Shanshan, die Schwester Wei Jingshengs, und der Gewerkschafter Han Dongfang ihre Meinungen darstellen sollten. Bedroht, seine Arbeit in Peking und (zukünftig) in Hongkong einstellen zu müssen, zog das Goe-theinstitut, eine mit dem Außenministerium verbundene Institu-tion, seine Beteiligung zurück. Als die Stadt München jedoch nicht klein beigeben wollte und den Kritikern ein von der Kul-turveranstaltung gesondertes Podium schuf, bliesen die chinesi-schen Verantwortlichen das Ganze ab, das heißt, sie hätten die Künstler einfach nicht ausreisen lassen. Diese hochfahrende Empfindlichkeit führt letztlich zu einer Selbstisolation, die der

Politik der offenen Tür entgegenläuft. Die chinesische Regierung scheint zu meinen, ihre Unterdrückung unliebsamer Meinungen auch ins Ausland ausdehnen zu können: Die «Tibet-Resolution» des Bundestages vom Juni 1996, in der China aufgefordert wurde, die Menschenrechte zu wahren, wurde in Peking als «Provokation» und «pervers» bewertet[376] Der Sprecher des Außenministeriums, Cui Tiankai, führte aus, der Schaden für die deutsch-chinesischen Beziehungen sei «allein das Werk weniger Leute in Deutschland. Die Störungen durch die Sabotage durch diese Minderheit soll nicht die Hauptströmung der Beziehungen zwischen beiden Ländern sein.»[377] Es folgte die Ausladung des Außenministers Klaus Kinkel, dessen Kotau vor Peking, der FDP-nahen Friedrich Naumann-Stiftung Geld für einen Tibet-Kongreß mit dem Dalai Lama zu sperren, nichts geholfen hatte. In der Folge auf diese «in keiner Weise angemessene» Ausladung, so der Kanzler, sagten Bauminister Klaus Töpfer und Umweltministerin Angela Merkel geplante Chinavisiten ab.

Es ist bemerkenswert, daß die Wirtschaft sich von solchen «Scheingefechten» nicht beunruhigt zeigt. Da konstatiert man, daß sich der deutsch-chinesische Handel zwischen 1990 und 1995 (laut statistischem Bundesamt) auf 26,5 Milliarden Mark mehr als verdoppelte (dennoch besteht ein Negativsaldo zuungunsten Deutschlands von ca. sechs Milliarden Mark). Der Vorsitzende des Arbeitskreises China der deutschen Wirtschaft, Heinrich Weiss, kommentierte den Konflikt mit dem Hinweis: «Unsere Wirtschaftsbeziehungen sind langfristig angelegt.»[378]

Diese Haltung trifft sich neuerdings mit der, ausgesprochen dem amerikanischen Vorbild folgenden, Haltung der SPD-Außenpolitiker Günter Verheugen und Karsten Voigt. Menschenrechtsfragen seien deutlich von wirtschaftlichen Beziehungen zu trennen, weil China wirtschaftliche Aufträge «im Kern nach ökonomischen Kriterien» vergebe.[379] Welcher politische Hebel dann allerdings verbleibt, wird nicht ausgeführt. Eine strikte

Trennung der beiden Politikbereiche mit den unterschiedlichen Zielen, Gewinne und Sicherung von Arbeitsplätzen und unmittelbare Hilfe für in ihren elementaren Rechten Mißachtete, wäre nur dann überzeugend, wenn tatsächlich für *beide Bereiche* operationalisierte Politiken entwickelt würden, wenn zum Beispiel gezielt Funktionäre des Strafvollzuges eingeladen würden, um mit einem modernen, humanen, der Resozialisierung verbundenen Strafvollzug vertraut gemacht zu werden, oder ein grundlegender Diskurs über das Wesen und die Verfahren eines demokratischen Staatswesens mit chinesischen Funktionären aufrechterhalten würde.

Daß durchaus praktikable Alternativen zur augenblicklichen Chinapolitik der Koalition von Konservativen und Liberalen zu formulieren sind, zeigte Gerd Poppe (Bündnis 90/Die Grünen) in einer Rede vor dem Deutschen Bundestag:

> «Statt einseitig deutschen Wirtschaftsinteressen zu folgen, meine Damen und Herren, sollte der Bundestag als Voraussetzung für Entwicklungskredite an China die Verbindlichkeit der chinesischen Gesetze gegen die Folter fordern, die Zulassung von internationalen Beobachtern bei politischen Prozessen und die Freilassung Tausender noch inhaftierter gewaltfreier politischer Häftlinge.»[380]

Man kann sich des Eindrucks nicht erwehren, daß nach Verstreichen des «Anstandsjahres», das dem Zivilisationsbruch des Massakers von Peking 1989 folgte, selten ein menschenverachtendes Regime von der Koalitionsregierung so schöngeredet wurde, wie es im Falle Chinas geschah. Konkrete Alternativen, wie sie etwa der Bundestagsabgeordnete Konrad Weiß (Berlin, Bündnis 90/Die Grünen) in einer Kleinen Anfrage formulierte, werden nicht aufgenommen.

> «Wird die Bundesregierung deutschen Wirtschaftsunternehmen empfehlen, angesichts der andauernden politischen Willkürju-

stiz und der fortdauernden gravierenden Menschenrechtsverletzungen die Zusammenarbeit mit China einzustellen oder mindestens deutlich zu reduzieren?»[381]

Auf diese Frage ließ die Bundesregierung antworten:

> «Die Bundesregierung wird deutschen Unternehmen eine solche Empfehlung nicht geben. Wirtschaftliche Zusammenarbeit und marktwirtschaftliche Reformen fördern die Öffnung nach außen und die Entwicklung des Gedankens der Rechtssicherheit im Innern. Nicht eine Einschränkung, sondern eine Ausweitung der wirtschaftlichen und menschlichen Kontakte begünstigt die Menschenrechte.»

Die deutsche Außenpolitik könnte auch die «Empfehlungen an die chinesische Regierung»[382] von *amnesty international* aufnehmen, unmittelbar aus den Verhältnissen abgeleitete Forderungen nach humanitären und politischen Veränderungen, und versuchen, sie immer wieder in die Wirtschaftsvereinbarungen einzubeziehen. Nach humanistischen Werten handelnde Regierungen sollten sich immer mit der Unterdrückung, dem menschlichen Elend und der Verneinung von Menschenrechten in anderen Ländern beschäftigen, einfach weil all dies nicht hinnehmbar ist.[383] Vielleicht hat jede zivilisierte Gesellschaft die moralische Pflicht, die Anerkennung der menschlichen Würde überall zu fördern, selbst mit gewissen Kosten für sie selbst. Im *Spiegel*-Artikel von Wei Jingsheng, den er mit abermals 14 Jahren Lager «bezahlen» mußte, heißt es, als wäre es eine Antwort auf die Position der Bundesregierung:

> «Wer Geschäfte macht, ohne sich um Chinas Menschenrechte zu kümmern, zeigt, daß er die historischen Dimensionen aus den Augen verloren hat und ohne Verantwortung handelt.»[384]

Verfolgte Personen –
eine unvollständige Liste

Der damalige Bundeswirtschaftsminister Jürgen Möllemann überreichte 1991 in Peking eine Liste mit Namen von 900 seit 1989 Inhaftierten. Laut einer Stellungnahme des chinesischen Außenministeriums vom 26. 1. 1992 seien

> « 303 Personen auf Grund ungenauer Namensangaben und mangelnder Informationen nicht zu identifizieren und ausfindig zu machen, 257 Personen nach Einstellung der Untersuchungsverfahren längst freigelassen, für 49 Personen gebe es überhaupt kein Untersuchungsverfahren, 242 Personen seien wegen krimineller Straftaten schuldig gesprochen, 26 Personen wegen gesetzeswidriger Handlungen in einer Besserungsanstalt, 13 Personen wegen Verstößen gegen das chinesische Strafgesetz von den Justizbehörden noch zu prüfen und 13 Personen Geheimagenten der Kuomintang in Taiwan.» [385]

Amnesty international führt eine Liste von 3000 seit 1989 aus politischen Gründen Verhafteter, nimmt aber an, daß die tatsächliche Zahl politisch motivierter Festnahmen weit höher liegt. [386]

Die folgende Liste stellt alle Namen zusammen, die dem Autor während der Recherche zu diesem Buch begegneten. Insofern ist sie zufällig. Hinter jedem Namen verbirgt sich ein besonderes Schicksal und ein Angriff auf die Würde des Menschen. Die Liste soll dazu beitragen, angesichts der großen Zahlen, die unvermeidlich genannt werden müssen, wenn vom chinesischen Gulag die Rede ist, den einzelnen Menschen nicht aus den Augen zu verlieren.

Bao Ge, Shanghai, 1994 zu drei Jahren Arbeitslager verurteilt.

Bao Tong, Berater des ehemaligen KP-Generalsekretärs Zhao Ziyang, 1992 zu neun (nach anderen Quellen sieben) Jahren Haft verurteilt. «Die Bundesregierung ist zusammen mit ihren europäischen Partnern in Peking bei der chinesischen Regierung vorstellig geworden und hat ihre Bestürzung über diesen Prozeß zum Ausdruck gebracht.»[387] Bao hatte 1995 Schwierigkeiten, eine angemessene medizinische Behandlung zu erhalten.

Bao Zunxin (* um 1930), Philosoph und demokratischer Aktivist, wurde am 7. Juli 1989 verhaftet. Am 24. November 1990 wurde seine Haft offiziell bestätigt und mitgeteilt, ihm werde konterrevolutionäre Propaganda vorgeworfen.[388] Er ist 1991 zu einer langjährigen Haftstrafe verurteilt worden.

Chen Gang, Arbeiter in der Xiangtan Elektromaschinenfabrik, 1989 mit dem Vorwurf des Rowdytums (*hooliganism*) mit zweijähriger Bewährung zum Tode verurteilt. Nach der Bewährungszeit kann die Todesstrafe in lebenslängliche Haft umgewandelt werden.[389]

Chen Lantao (* 1964), Meeresbiologe, Qingdao, kritisierte am 8. Juni 1989 öffentlich die Niederschlagung der Demokratiebewegung, verbüßt eine 16jährige Haftstrafe in der Provinz Shandong.[390]

Chen Ziming (* 1955), Ökonom, führender Berater Zhao Ziyangs, 1991 wegen seiner führenden Rolle in der Demokratiebewegung 1989 zu 13 Jahren Haft verurteilt. Chen hatte 1994 auf ausländischen Druck hin aus Gesundheitsgründen Haftverschonung erhalten, ist aber im Juni 1995 wieder verhaftet worden, obwohl er an Krebs erkrankt ist.[391]

Dai Xuezhong, seit 1995 in Haft.[392]

Dong Huaimin (* 1946), Dichter und Professor der Politologie in Zhejiang. Am 28. Februar 1992 zu vier Jahren Haft verurteilt, weil er in der 89er Bewegung an der Produktion inoffizieller Radiosendungen beteiligt war. Er wurde in der Haft schwer gefoltert. So waren ihm einmal 18 Tage lang die Hände auf den Rücken gefesselt.[393]

Duan Juan (* 1970), Studentin der Philosophie (nach anderen selbständige Kleinhändlerin), am 5. Mai 1989 in Chongqing, Provinz Sichuan, zusammen mit Xiong Changping verhaftet, weil sie ihre Kommilitonen über die Vorgänge in Peking informiert und zum Streik aufgerufen hatte. Als sie sich weigerte, während der vom lokalen Fernsehen übertragenen Prozedur ein «Geständnis» zu unterschreiben, erhielt sie offenbar vor laufender Kamera einen schmerzhaften Stromschlag in den Rücken.[394] Sie soll entweder ohne Beschuldigung freigelassen oder zu 15 Jahren Haft verurteilt worden sein.[395]

Gao Hongming, im März 1994 in Peking festgenommen.

Gao Xiaoliang (* 1962), Fabrikarbeiter, 1993 zu zehn Jahren Haft verurteilt.

Gao Yu, im November 1994 unter dem Vorwand, sie habe «wichtige Staatsgeheimnisse preisgegeben», zu sechs Jahren Haft verurteilt. Der wahre Grund ist, daß Gao Yu Artikel für zwei Hongkonger Zeitschriften verfaßt hatte. Der Verurteilung waren drei Prozesse vorangegangen, in denen die Richter feststellten, die Beweise der Anklage bedürften «zusätzlicher Ermittlungen und Nachprüfungen». Das Gericht setzte sich letztlich über Fakten und Argumente der Verteidiger hinweg, die die «Beweise» der Anklage erschüttert hatten.[396] Gao Yu hatte

1995 Schwierigkeiten, eine angemessene medizinische Behandlung zu erlangen.

Hu Shigen (* 1955), Lektor am Fremdspracheninstitut Peking, am 28. Mai 1992 in Peking verhaftet. 1994 zu 20 Jahren Haft verurteilt, nachdem er vier Monate lang ohne Anklageerhebung inhaftiert gewesen war.

Huan Xiang, im Mai 1995 in Peking verhaftet, Ende des Jahres noch ohne Anklage in der Haft.[397]

Kang Yuchun (* 1964), 1994 zu 17 Jahren Haft verurteilt.

Li Guotao, Shanghai, 1994 für drei Jahre in ein Arbeitslager verbannt.

Liu Gang (* 1961), 1989 inhaftiert, befand sich im Arbeitslager Lingyuan Nr. 2. Nach seiner Freilassung 1994 wurde er zu 15 Tagen Haft verurteilt, weil er Auflagen nicht beachtet habe.[398]

Liu Jingsheng (* 1954), Chemiearbeiter, 1994 wegen seines Engagements für den Aufbau einer Freien Chinesischen Arbeiterbewegung zu 15 Jahren Haft verurteilt. Im April 1996 setzten sich der Deutsche Gewerkschaftsbund und *amnesty international* in einer Kampagne gegen Folter von Gewerkschaftern insbesondere für Liu ein.[399]

Liu Muchen, Shanghai, 1993 verwarnt.

Liu Nianchun, im Dezember 1993 in Peking verhaftet, 1994 freigelassen, im Mai 1994 wieder festgenommen und am Ende des Jahres noch in Haft.

Liu Xiaobo wurde am 6. Juni 1989 festgenommen, erst am 17. November 1990 begann die offizielle Untersuchungshaft. Nach seiner Verurteilung am 16. Januar 1991 wurde er von der Strafverbüßung ausgenommen. Er wurde im Mai 1995 erneut festgenommen und befand sich Ende des Jahres noch in Haft.

Lu Decheng, 1991 (?) nach schwerer Folter zu 16 Jahren Haft verurteilt, weil er das Porträt Maos am Tor des Himmlischen Friedens verunstaltet habe.

Lu Zhigang, 1993 in Peking wegen der Gründung der «Chinese Progressive Alliance» verhaftet.

Qin Yongmin (* 1953), Wuhan, 1993 zu zwei Jahren Arbeitslager verurteilt und in der Haft gefoltert.[400]

Ren Wanding (* 1948), Buchhalter, einziger Aktivist der Demokratiebewegung von 1979, der erkennbar in der Bewegung von 1989 tätig war. Nach seiner Verhaftung am 4. April 1979 war er für vier Jahre in Haft. Ren hat die «Chinesische Menschenrechtsliga» unterstützt. Er wurde im Juni 1989 verhaftet, am 26. Januar 1991 zu sieben Jahren Haft «wegen konterrevolutionärer Propaganda» verurteilt und im Pekinger Gefängnis Nr. 2 inhaftiert. Sein Gesundheitszustand ist schlecht. 1995 hatte er Schwierigkeiten, eine angemessene medizinische Behandlung zu bekommen. Ren ist 1994 von Mitgefangenen schwer geschlagen worden.[401]

Shao Jiang (* 1970), Mathematiker, von 1989 an für 18 Monate in Haft, 1994 wiederum zu einem Verhör gebracht.

Sun Xiongying, Kader aus einem College in Fuzhou, hat Protestplakate gegen das Pekinger Massaker angefertigt und soll eine Statue Mao Zedongs verunstaltet haben. 18 Jahre Haft in Fujian.[402]

Tang Yuanjun, Techniker in einer Automobilfabrik, gründete mit Freunden einen kleinen Gesprächskreis und organisierte 1989 in Changchun, Provinz Jilin, eine Protestdemonstration gegen die Niederschlagung der Demokratiebewegung. Er verbüßt in einem Gefängnis in der Provinz Liaoning eine 20jährige Haftstrafe.[403]

Tong Yi, Mitarbeiterin von Wei Jingsheng, seit April 1994 in Haft. Wegen «Komplizenschaft» mit Wei Jingsheng im Dezember 1994 für zweieinhalb Jahre in das Lager zur «Umerziehung durch Arbeit» Hewan in Wuhan, Provinz Hubei, eingewiesen. Sie soll von Vertrauensleuten des Gefängnispersonals geschlagen worden sein, «nachdem sie sich bei der Lagerverwaltung über ihre langen Arbeitszeiten beschwert hatte». Als sie sich über die Mißhandlung beschwerte, wurde sie von zehn weiblichen Mithäftlingen geschlagen.[404]

Wang Dan (* 1969), Historiker, im Juli 1989 wegen seiner führenden Rolle in der Studentenbewegung verhaftet und wegen «konterrevolutionärer Propaganda» zu 13 (nach anderen zu vier[405]) Jahren Haft verurteilt, am 17. Februar 1993 freigelassen und 1994 in die USA «zwangsexiliert».[406]

Wang Donghai, im Mai 1994 in Peking inhaftiert, am Ende des Jahres noch ohne Anklage in Haft.[407]

Wang Jiaqi, im März 1994 verhaftet.

Wei Jingsheng (* 1950), 1993 nach 14 Jahren Haft entlassen. Im April wurde er erneut verhaftet und zu weiteren 14 Jahren Haft verurteilt. Wei wurde 1994 von der amerikanischen Menschenrechtsgruppe «Gleitsman Foundation» für den Friedensnobelpreis vorgeschlagen.

Wang Juntao (* 1951), Journalist, 1989 zu 13 Jahren Haft verurteilt, hat ein Herzleiden und chronische Hepatitis B, versuchte 1993 durch die Ankündigung eines Hungerstreiks eine Berufungsverhandlung und angemessene medizinische Behandlung zu erreichen. Auf Anfrage europäischer Regierungen hatte die chinesische Regierung am 10. 9. 1991 geantwortet, Wang werde human behandelt und medizinisch versorgt.[408] Wang Juntao ist 1994 freigelassen worden. Er leitete Ende der 80er Jahre das größte private sozialwissenschaftliche Institut Chinas. Es stellte die Verbindung zwischen dem Studentenprotest, kritischen Arbeitern und Intellektuellen her. Die KP wollte verhindern, daß eine politische Gegenkraft entsteht.[409]

Wang Peigong (* 1947), Dramenautor, im Juni 1989 in Guiyang verhaftet, im Juni 1990 «konterrevolutionärer Handlungen und der Aufnahme des Studentenführers Wuer Kaixi» beschuldigt und am 8. März «wegen guten Verhaltens» entlassen, ohne daß ein Prozeß stattgefunden hätte.

Wang Xizhe, führender Teilnehmer an der Demokratiebewegung von 1978, befand sich unter Polizeiaufsicht, die am 20. April 1994 enden sollte. Sie wurde bis 1999 verlängert. Wang muß sich einmal monatlich bei der Polizei melden und eine Erlaubnis holen, wenn er Guangdong verlassen will.[410] Wang reiste im Mai nach Peking, um sich zu beschweren, wo er verhaftet und geschlagen wurde. Im Juni wurde er entlassen und nach Guangdong zurückgebracht. Im September lehnte ein Gericht seine Berufung gegen die Ausdehnung der polizeilichen Überwachung ab.

Xi Yang, Journalist bei der Hongkonger Zeitung *Ming Pao*, wegen angeblicher Spionage zu 12 Jahren Haft verurteilt.

Xiao Xuehui, Professorin am Institut der nationalen Minoritäten in Südwestchina in Sichuan, Präsidentin der Gesellschaft für Ethik von Sichuan, Autorin zahlreicher Fachbücher, wurde 1990 festgenommen. Sie hatte 1989 an Demonstrationen teilgenommen. Sie wurde im Xindu-Gefängnis inhaftiert, geschlagen und erkrankte an Leber und Niere.[411]

Xu Liangying (* 1920), Historiker, 1994 unter Hausarrest gestellt.

Xu Wenli, im April 1994 in Peking verhaftet. Er hatte in der Vergangenheit eine Verteidigungsschrift für Wei Jingsheng verfaßt. Er ist im Gefängnis Nr. 1 in Peking eingesperrt.

Yang Qingheng, Shanghai, 1994 für drei Jahre ins Arbeitslager verbannt.

Yang Zhou (* 1944), Schriftsteller, Shanghai, 1991 zusammen mit zehn weiteren Personen in Shanghai verhaftet. Seiner Frau Li Gouping wurde die Anwaltslizenz mit dem Vorwurf entzogen, sie habe in einer ausländischen (Hongkonger) Zeitung über den Fall ihres Mannes geschrieben und sich durch Täuschung Zutritt zu ihm verschafft. 1993 war Yang wieder für sieben Wochen in Polizeigewahrsam, 1994 ist er zu drei Jahren Besserung durch Arbeit im Straflager verurteilt worden. Yang Zhou war ein führendes Mitglied der «Human Rights Association». Yang erhielt im Juni 1995 Haftverschonung wegen eines Kehlkopftumors und konnte im September 1995 zur medizinischen Behandlung in die USA ausreisen.[412]

Yao Kaiwen (* 1941), Lehrer, 1993 zu neun Jahren Haft verurteilt.

Yu Dongyue, 1991 (?) nach schwerer Folter zu 20 Jahren Haft verurteilt, weil er das Porträt Maos am Tor des Himmlischen Friedens verunstaltet haben soll.

Yu Shiwen (* 1970), in Haft.

Yu Zhijian, 1991 (?) nach schwerer Folter zu lebenslanger Haft verurteilt, weil er das Porträt Maos am Tor des Himmlischen Friedens verunstaltet haben soll.

Yu Zhenbin, ehemals Angestellter des Landesarchivamtes in der Provinz Qinghai, 1989 zu 12 Jahren Haft wegen «reaktionärer Reden» und der Gründung einer Oppositionsgruppe verurteilt.

Yuan Hongbing, im März 1994 verhaftet, wegen «Störung der öffentlichen Ordnung» für drei Jahre in ein Lager zur «Umerziehung durch Arbeit» eingewiesen.

Zhai Weimin, im Mai 1990 verhaftet, am 29. November 1991 zu dreieinhalb Jahren Haft verurteilt, 1993 oder 1994 vorzeitig entlassen und im März 1994 wieder verhaftet.

Zhang Lin, Anhui, Gewerkschafter, wegen der Indiskretion einer amerikanischen Journalistin 1994 für drei Jahre in ein Arbeitslager verbannt.

Zhang Jingsheng (* 1955), Vorsitzender der «Autonomen Studentenföderation von Hunan», ehemals Arbeiter in der Shaoguang-Fabrik für Elektroteile in der Provinz Hunan, am 28. Mai 1989 nach einer Gelöbnisfeier der Studenten vor dem Sitz der Provinzregierung in Changsha gefangengenommen und im Dezember zu 13 Jahren Haft verurteilt. Er hatte über die Notwendigkeit politischer Reformen gesprochen. Er war kurz vor seiner Verhaftung Berater des neugegründeten «Autonomen Arbeiterverbandes von Changsha» geworden. Er soll zu Arbeiterstreiks und Vorlesungsboykott der Studenten aufgerufen haben. Er war bereits in den 80er Jahren als politischer Gefangener inhaftiert gewesen.[413] Das örtliche Gericht hatte drei Jahre Haft vorgesehen, war aber von Parteioberen in Peking angewiesen worden, das höhere Strafmaß zu verhängen.[414]

Zhang Yafei, 1991 in Haft in Jinan. Nach einem Unfall mußte ihm das rechte Bein amputiert werden, weil er keine sofortige medizinische Hilfe erhalten hatte.

Zhao Sujian, ehemals Kader in einer Baufirma in Kaifeng, zwölf Jahre Haft, weil er «reaktionäre Slogans» in der Stadt angebracht habe.[415]

Zhou Guoqiang, Shanghai, seit 1994 in Haft.

Im Exil

Chinesische Exilanten, die sich politisch betätigen, laufen Gefahr, wegen «konterrevolutionärer Tätigkeiten» im Ausland angeklagt zu werden, sobald sie in die Volksrepublik China zurückkehren. Diese Politik wurde 1989 von der Vizepräsidentin der Kommission für Gesetzgebung des Nationalen Volkskongresses verkündet, aber schon 1986 im Falle des aus den USA zurückgekehrten Studenten Yang Wei ausgeführt. Yang wurde unter anderem wegen der Zusammenarbeit mit der regimekritischen Zeitschrift *China Spring* zu zwei Jahren Haft verurteilt.[416]

Han Dongfang, Haupt der «Autonomen Arbeiterföderation», im Juni 1989 verhaftet und 22 Monate ohne Gerichtsverfahren in Haft, am 28. April 1991 mit Tuberkulose entlassen, zwangsexiliert in Hongkong lebend.

Wang Ruowang (* 1918), Shanghaier Schriftsteller, als demokratischer Revolutionär der 30/40er Jahre unterstützte er die Demokratiebewegung von 1989.

Zhang Weiguo, bis 1989 Leiter des Pekinger Büros der Shanghaier Tageszeitung *World Economic Herald*, 1989 in Shanghai verhaftet und unrechtmäßig sechs Monate nach dem Verfahren «Gewahrsam und Untersuchung» inhaftiert, bevor er angeklagt wurde. Anfang 1991 freigelassen, durfte er 1993 die Volksrepublik China verlassen.[417]

Xinjiang

Ebenso wie in Tibet werden in der Autonomen Region Xinjiang jegliche Autonomiebestrebungen der islamischen Volksgruppe, unter denen die Uiguren die größte Gruppe stellen, verfolgt. Im ländlichen Kreis Baren, Bezirk Akto, südlich von Kashgar, gab es im April 1990 gewalttätige Auseinandersetzungen zwischen Demonstranten und der Polizei. In Baren wurden mehr als 200 Personen festgenommen und zum Teil gefoltert. *amnesty international* verfügt über genauere Informationen zu 33 beteiligten Demonstranten: Acht wurden von der Polizei erschossen, 25 inhaftiert. Von ihnen wurden vier zum Tode verurteilt, drei wurden in Baren öffentlich hingerichtet. Der vierte erhielt einen zweijährigen Aufschub der Todesstrafe. Zehn Personen wurden zu Haft zwischen 14 Jahren und lebenslanger Dauer, eine Person zu fünf Jahren Haft verurteilt. 1993 befanden sich noch mindestens vier Personen ohne Anklage in Haft. Was mit den übrigen Festgenommenen geschehen ist, ist laut *amnesty* ungeklärt.[418]

Kajikhumar (Hajihumaer) Shabdan (* 1924), Schriftsteller, im Juli 1987 verhaftet, wegen angeblicher «Spionage» zu 15 Jahren Haft verurteilt. Ihm wurden Kontakte zu einer nationalistischen

Organisation in der damaligen Sozialistischen Sowjetrepublik Kasachstan vorgeworfen. 1994 befand er sich im Gefängnis Nr. 1 in Urumqi.

Tibet

Tibet ist ein besetztes Land. Die «Volksbefreiungsarmee» unterdrückt äußerst brutal jede Artikulation des Unabhängigkeitsstrebens der Tibeter. Tausende gewaltfrei engagierte Befürworter der Unabhängigkeit sind in den zurückliegenden Jahren verhaftet und teilweise gefoltert worden. Während der Geltung des Kriegsrechtes im März 1989 sollen mehrere tausend Menschen verhaftet worden sein, offiziell werden 400 Verhaftungen zugegeben. Amtlich wurde mitgeteilt, es seien zwischen September 1987 und April 1991 insgesamt 218 Tibeter entweder von Gerichten verurteilt oder in Lager eingewiesen worden. Nach inoffiziellen Angaben waren Anfang 1995 mindestens 650 politische Gefangene in Tibet in Haft.[419]

Zwölf Nonnen wurden 1993 zu Gefängnis (Drapchi) verurteilt, einige von ihnen zu sieben Jahren.

Gyaltsen Kelsang, Nonne, starb am 20. Februar 1994 an einer schweren Nierenerkrankung in ihrem Haus in Lhasa, nachdem sie in der Haft mißhandelt worden war. Sie war 1993 aus politischen Gründen verhaftet worden und hatte im Gefängnis schwere Arbeit leisten müssen.[420]

Chadrel Rimpoche, ehemals Abt des Klosters Tashilhumpo, in den Auseinandersetzungen um die Wiedergeburt des Pantschen Lama Mitte Mai 1995 verhaftet und mit stark angegriffener Gesundheit in Gewahrsam.[421]

Gendun Rinchen, 1994 freigelassen, nachdem er unmittelbar vor dem Besuch einer deutschen Abgeordneten- und europäischen Diplomatendelegation in Lhasa Anfang Mai 1993 festgenommen worden war. Er hatte der Delegation Informationen über Menschenrechtsverletzungen übergeben wollen. Zur gleichen Zeit ist Lobsang Yonten verhaftet worden, der noch im selben Jahr wieder freigelassen wurde, wohl aufgrund der Demarche der Zwölf vom 1. Juni 1993.[422]

Jigme Sangpo (* 1926), Grundschullehrer, war in den 60/70er Jahren bereits 13 Jahre wegen seines Eintretens für die Unabhängigkeit Tibets in Haft, 1983 wurde er zu weiteren 15 Jahren verurteilt, 1988 noch einmal zu fünf Jahren. Im Jahr 2011 wird er 28 Jahre Haft hinter sich haben.[423]

Legsho Gyatso, buddhistischer Mönch, und *Lobsang Tsultirm* sind am 6. März 1990 verurteilt worden, weil sie 1989 eine Nationalflagge Tibets entfaltet haben sollen.

Lobsang Tsondru (* zwischen 1913 und 1919), buddhistischer Theologe, im März oder April 1990 verhaftet und wegen «separatistischer Aktivitäten» zu sechs Jahren Gefängnis verurteilt. Im April 1991 soll er von Wärtern zusammen mit Gefangenen so geschlagen worden sein, daß er das Bewußtsein verlor. Danach war er mindestens fünf Monate in Einzelhaft. Im Juli 1994 behauptete die chinesische Regierung gegenüber dem Sonderberichterstatter der Vereinten Nationen für Fragen der Folter, Lobsang Tsondru sei «bei guter Gesundheit».[424]

Ngawang Phulchung (* 1962), Anführer einer Gruppe, bestehend aus zehn Mönchen des Drepung-Klosters und einem Laienmitarbeiter, 19 Jahre Haft, weil die Gruppe Menschenrechtsfragen in Flugblättern behandelt hatte. Die übrigen Mitglieder wurden 1989 zu Haftstrafen von mindestens fünf Jahren verurteilt.

Tamdin Sithar, seit 1984 wegen des Besitzes einer Schrift des Dalai Lama inhaftiert, zu 12 Jahren Haft verurteilt.[425]

Anmerkungen

1 Lydie Koch-Miramond (Hrsg.): La Chine et les droits de l'homme, Paris 1991, S. 105. Dies ist die vom CIA angenommene Zahl.

2 P.-A. Donnet, in Koch-Miramond, siehe Fn. 1, S. 105.

3 Hongda Harry Wu: Laogai – The Chinese Gulag, Boulder, San Francisco, Oxford 1992, S. 15.

4 U. S. Department of State: Human Rights Report 1995, China Human Rights Practices, 1995.

5 Jean-Luc Domenach, Der vergessene Archipel. Gefängnisse und Lager in der Volksrepublik China, Hamburg 1995 (Chine: l'archipel oublié, Paris 1992), S. 432.

6 Zahlenangaben nach Roberta Cohen: People's Republic of China: The Human Rights Exception. In: Human Rights Quarterly, S. 448.

7 Domenach, siehe Fn. 5, S. 19.

8 Detlef Michel, Stereotype antikommunistischer Ideologie über die Volksrepublik China. In: Dietmar Albrecht (Hrsg.), China 1972, S. 144 – 162, hier S. 144 f. nach Keesings Archiv der Gegenwart, XVI und XVII, 1946 und 1947, Essen 1950, S. 1038.

9 R. Cohen, siehe Fn. 6, S. 449.

10 FR, 3. 2. 1996.

11 Fang Lizhi: The Chinese Amnesia. In: The New York Review of Books, 27. 9. 1990, s. 30.

12 Domenach, siehe Fn. 5, S. 24.

13 Donald C. Clarke, James V. Feinermann: Antagonistic Contradictions: Criminal Law and Human Rights in China. In: The China Quarterly 141, 3, 1995, S. 135 – 154, hier S. 135. Vgl. auch Copper et al., siehe Fn. 14, S. XI.

14 John F. Copper, Franz Michael, Yuan-li Wu: Human Rights in Post-Mao China, London 1985, S. 9, Anm. Simon Leys

spricht von 50 Millionen Opfern. Siehe: The Art of Interpreting Nonexistent Inscriptions Written in Invisible Ink on a Blank Page. In: The New York Review of Books, Vol. XXXVII, No. 15, October 11, 1990, S. 10–13, hier S. 13. Merle Goldmann, siehe Fn. 29, S. 15, gibt die Zahl von 30 Millionen Hungertoten an.

15 Domenach, siehe Fn. 5, S. 453.

16 Human Rights Report, siehe Fn. 4.

17 FAZ, 6.4.1993.

18 Vievienne Shue: China: Transition Postponed? In: Problems of Communism, Vol. XLI, Jan–Apr. 1992, S. 157–168.

19 The Economist, 2, 1993, S. 62.

20 Jean-Luc Domenach, siehe Fn. 5, S. 341, spricht von einer «instabilen Bevölkerung» von 50 Millionen 1988/89.

21 Fritz Vorholz: Monopoly in Mao-Land. In: Die Zeit, Nr. 10, 4.3.1994, S. 35.

22 FR, 22.7.1993.

23 Volker Stanzel, Der Umbruch des Sozialismus in China. In: Außenpolitik, IV, 1994, S. 364–373, hier S. 368.

24 Nicholas D. Kristoff: Little Whispers, the Big Lie and China's Future. In: New York Times, 13.11.1990.

25 Jie Chen, Peng Deng: China Since the Cultural Revolution. From Totalitarianism to Authoritarianism. Westport 1995, S. 67.

26 The Economist, 19.6.1993, S. 59f.

27 amnesty international: Volksrepublik China, Reformen ohne Menschenrechte – Staatliche Willkür in China, Bonn 1996, S. 68.

28 Human Rights Report, siehe Fn. 4.

29 Merle Goldmann, Sowing the Seeds of Democracy in China, Cambridge, Mass., und London 1994, S. 13.

30 Henrik Bork: Sorgenvoll schreibt die Partei den Markt fest, FR, 13.3.1993.

31 Der Spiegel 15/1994, S. 151.

32 J. Chen, P. Deng, siehe Fn. 25, S. 55.

33 F. Vorholz, siehe Fn. 21, S. 34.

34 The Economist, 2, 1993, S. 62.

35 Human Rights Report, siehe Fn. 4.

36 Karl Grobe: Ein China-Syndróm, FR, 14. 7. 1995.

37 F. Vorholz, siehe Fn. 21, S. 35.

38 Human Rights Report, siehe Fn. 4.

39 M. Goldmann, siehe Fn. 29, S. 328.

40 Richard B. Bilder, Rethinking International Human Rights: Some Basic Questions. In: Human Rights Journal, Vol. 2, 1967, S. 557–607, hier S. 575.

41 Martin King Whyte: Prospects for Democratization in China. In: Problems of Communism, Vol. XLI, May-June 1992, S. 58–70, hier S. 58.

42 Human Rights Report, siehe Fn. 4.

43 M. K. Whyte, siehe Fn. 41, S. 59 ff.

44 Kim Dae Jung: Is Culture Destiny? The Myth of Asia's Anti-Democratic Values. In: Foreign Affairs, November/Dezember 1994, S. 189–194, hier S. 191.

45 Wei Jingsheng: Mächtige ohne Gehirn. In: Der Spiegel 3/1994, S. 124–126, hier S. 124 f.

46 Simon Leys, siehe Fn. 14, S. 9.

47 M. Goldmann, siehe Fn. 29, S. 56.

48 Koch-Mirumond, siehe Fn. 1, S. 126–141, passim.

49 Harian, W. Jenks: Civil-Military Relations In China: Tiananmen and After. In: Problems of Communism, Vol. XL, May-June 1991, S. 14–29, hier S. 14.

50 N. D. Kristoff, siehe Fn. 24.

51 V. Shue, siehe Fn. 18, S. 159.

52 Dazu vor allem J. Chen, P. Deng, siehe Fn. 25, S. 5.

53 V. Shue, s. Fn. 18, S. 159. Vgl.: H. W. Jenks, s. Fn. 49, S. 25.

54 Presseamt des Staatsrats der Volksrepublik China: Menschenrechte in China. In: Beijing Rundschau, 1991, 44, S. 8–49, hier S. 11.

55 Shue, siehe Fn. 18, S. 163.

56 H. W. Jenks, siehe Fn. 49, S. 27.

57 H. W. Jenks, siehe Fn. 49, S. 22.

58 The Economist, 2, 1993, S. 61.

59 China News Analysis, Nr. 141, 27. Juli 1956, Hongkong, S. 3.

60 Simon Leys, siehe Fn. 14, S. 8.

61 Fareed Zakaria: Culture is Destiny. A Conversation with Lee Kuan Yew. In: Foreign Affairs March/April 1994, S. 109−126.

62 Karin Tomala: China auf dem langen Marsch zur Freiheit. In: Das Parlament, Nr. 51, 17. 12. 1993, S. 16.

63 Raimundo Panikkar: Is the Notion of Human Rights a Western Concept? In: Diogenes 120, 1982, S. 75−102.

64 R. Panikkar: siehe Fn. 63, S. 88.

65 Petra Kolonko: Hinabtauchen in das Meer des dicken Geldes. In: FAZ, Nr. 283, 5. 12. 1992.

66 Petra Kolonko, siehe Fn. 65.

67 Wei Jinsheng, siehe Fn. 45, S. 125.

68 M. Goldmann, siehe Fn. 29, S. 14.

69 M. Goldmann, siehe Fn. 29, S. 9.

70 M. Goldmann, siehe Fn. 29, S. 358.

71 V. Shue, siehe Fn. 18, S. 160.

72 V. Shue, siehe Fn. 18, S. 163.

73 R. Cohen, siehe Fn. 6, S. 455.

74 Neue Zürcher Zeitung, Nr. 57, 8. 3. 1996, S. 2; FAZ, Nr. 58, 8. 3. 1996.

75 Wang Dan: «An uns selbst gescheitert». In: Der Spiegel 22/1994, S. 136−138, hier S. 136.

76 Simon Leys, siehe Fn. 14, S. 12.

77 Perry Link: The Chinese Intellectuals and the Revolt. In: The New York Review of Books, Vol. XXXVI, No. 11, June 29, 1989, S. 38.

78 J. Chen, P. Deng, siehe Fn. 25, S. 25.

79 M. Goldmann, siehe Fn. 29.

80 M. Goldmann, siehe Fn. 29, S. 347.

81 M. Goldmann, siehe Fn. 29, S. 3.

82 Wang Dan, siehe Fn. 75.

83 Helmut Martin, Ines-Susanne Schilling (Hrsg.), Stimmen der Opposition. Chinesische Intellektuelle der achtziger Jahre. Bochum 1995, S. 20.

84 J. Chen, P. Deng, siehe Fn. 25, S. 68.

85 Fang Lizhi, siehe Fn. 11, S. 30.

86 Wang Dan, siehe Fn. 75, S. 136.

87 Shu-Yun Ma: The Exit, Voice, and Struggle to Return of Chinese Political Exiles. In: Pacific Affairs, Vol. 66, Nr. 3, S. 368–385, hier S. 369.

88 Clarke, Feinermann, siehe Fn. 13, S. 153.

89 V. Shue, siehe Fn. 18, S. 164.

90 Wei-chin Lee: Read My Lips or Watch My Feet: The State and Chinese Dissident Intellectuals. In: Issues and Studies, Vol. 28, Nr. 5, Mai 1992, S. 29–48, hier S. 41 ff.

91 Henrik Bork: 45 Intellektuelle wagen Appell. FR, 17. 5. 1995.

92 Verhandlungen des Deutschen Bundestages und des Bundesrates, 12. Wahlperiode, Drucksache 12/6340.

93 Human Rights Report, siehe Fn. 4.

94 Amnesty, siehe Fn. 27, S. 61.

95 Henrik Bork: Überstunden für die Polizei zum Jahrestag des Tian'anmen-Massakers. FR, 2. 6. 1995.

96 Amnesty, siehe Fn. 27, S. 61.

97 Peking verbannt Dissidenten, FR, 15. 3. 1993.

98 Henrik Bork: Prominente Dissidenten wollten Streikrecht in China fordern. FR, 8. 3. 1994.

99 Henrik Bork: Chinas Dissidenten trotzen der staatlichen Repression. FR, 10. 3. 1994.

100 Amnesty, siehe Fn. 27, S. 69.

101 Pekings Dissidenten-Poker, FR, 18. 2. 1993.

102 Petra Kolonko, siehe Fn. 65.

103 Liu Xiaobo, Zongguo dangdai zhishi fenzi yu zhengzhi. In:

Zheng Ming, Oktober 1990, S. 56–58, fortgesetzt in Zheng Ming Dezember 1990, S. 73–75, hier Oktober 1990, S. 56.

104 Human Rights Report, siehe Fn. 4.
105 Amnesty, siehe Fn. 27, S. 53.
106 Amnesty, siehe Fn. 27, S. 64.
107 Amnesty, siehe Fn. 27, S. 55.
108 Der Spiegel, 36/1994, S. 155.
109 Verhandlungen, siehe Fn. 92, Drucksache 12/6340.
110 Amnesty, siehe Fn. 27, S. 59.
111 Stanzel, a. a. O., S. 371.
112 Lawyers Committee for Human Rights: Criminal Justice with Chinese Characteristics, New York 1993, S. 51.
113 Human Rights Report, siehe Fn. 4.
114 Nur ein Krieg könnte das Bauwerk am großen Fluß stoppen. FR, 17.6.1995.
115 H. H. Wu, siehe Fn. 3, S. 10.
116 FR, 30.4./1.5.1996.
117 Zu dem vorstehenden Abschnitt siehe: Shu-Yun Ma: The Exit, Voice, and Struggle to Return of Chinese Political Exiles. In: Pacific Affairs, Vol. 66, No. 3, S. 368–385, hier S. 368 ff.
118 Andrew J. Nathan: Sources of Chinese Rights Thinking. In: Edwards, R. Randle; Henkin, Louis; Nathan, Andrew J.: Human Rights in Contemporary China, New York 1986, S. 144.
119 B. Bilder, siehe Fn. 40, S. 565.
120 Chinesisches Presseamt, siehe Fn. 54, S. 9.
121 B. Bilder, siehe Fn. 40, S. 567.
122 Jack Donelly: Cultural Relativism and Universal Human Rights. In: Human Rights Quarterly, Vol. 6, 1984, S. 400–419, hier S. 400.
123 Helmut Schmidt: Perestrojka auf chinesisch. In: Die Zeit, Nr. 25, 18.6.1993, S. 11.
124 R. Randle Edwards: Civil and Social Rights: Theory and Practice in Chinese Law Today. Siehe Fn. 118.
125 Carlos Wing-Hung Lo: Trails of Dissidents of the 1989 De-

mocracy Movement: The Limits of Criminal Justice Under Teng Hsiao-p'ing. In: Issues and Studies, Dezember 1992, S. 32—45, hier S. 27.

126 C. Wing-Hung Lo, siehe Fn. 125, S. 25.

127 Human Rights Report, siehe Fn. 4.

128 China behält in Genf die Oberhand, FR, 25. April 1996.

129 Domenach, siehe Fn. 5, S. 407.

130 China aktuell, Dezember 1995, S. 1094.

131 Zhongguo xingfa cidian (Lexikon des chinesischen Strafrechts), Shanghai 1989, S. 481.

132 Wei-chin Lee: siehe Fn. 90.

133 Domenach, siehe Fn. 5, S. 439.

134 Henrik Bork: Inflation beunruhigt Peking. FR, 23.3.1994.

135 Human Rights Report, siehe Fn. 4.

136 Human Rights Report, siehe Fn. 4.

137 H. Martin, siehe Fn. 83, S. 134.

138 Clarke, Feinermann, siehe Fn. 13, S. 150.

139 Lexikon, siehe Fn. 131, S. 490.

140 FR, 31.5.1995.

141 Human Rights Report, siehe Fn. 4.

142 Human Rights Report, siehe Fn. 4.

143 Verhandlungen, siehe Fn. 92, Drucksache 12/5557, S. 5.

144 Verhandlungen, siehe Fn. 92, 199. Sitzung, 9. Dezember 1993, Parlamentsprotokolle, S. 17254.

145 Lawyers Committee, siehe Fn. 112, S. 73.

146 Zhonghua renmin gongheguo fensheng dituji, (Atlas Chinas nach Provinzen) Peking 1974, S. 69/70, D6.

147 Amnesty, siehe Fn. 27, S. 84.

148 Lawyers Committee, siehe Fn. 112, S. 74.

149 Atlas, siehe Fn. 146, S. 53/54, C5.

150 Amnesty, siehe Fn. 27, S. 85.

151 Human Rights Report, siehe Fn. 4.

152 Amnesty, siehe Fn. 27, S. 85 f.

153 Amnesty, siehe Fn. 27, S.81.

154 Human Rights Report, siehe Fn. 4.

155 Human Rights Report, siehe Fn. 4.

156 Amnesty, siehe Fn. 27, S. 88.

157 Domenach, siehe Fn. 5, S. 342.

158 Edward J. Eppstein: Legal Documents and Materials on Administrative Detention in the People's Republic of China. In: Chinese Law and Government, 27, Nr. 5, September–Oktober 1994, S. 5–96, hier S. 18.

159 Karin Tomala, siehe Fn. 62,S. 16.

160 Clarke, Feinermann, siehe Fn. 13, 138.

161 Eppstein, siehe Fn. 158, S. 6.

162 The Chinese Academy of Social Sciences: Countries of the World Information Series, Information China, Pegamon, Oxford, New York 1989, S. 432.

163 P.-A. Donnet, in Koch-Miramond, siehe Fn. 1, S. 103.

164 H. H. Wu, siehe Fn. 3, S. 119.

165 Eppstein, siehe Fn. 158, S. 10.

166 Verhandlungen, siehe Fn. 92, Drucksache 12/7116, S. 3.

167 Domenach, siehe Fn. 5, S. 423.

168 Eppstein, siehe Fn. 158, S. 61, 70.

169 Eppstein, siehe Fn. 158, S. 13.

170 Eppstein, siehe Fn. 158, S. 14.

171 Domenach, siehe Fn. 5, S. 393.

172 Eppstein, siehe Fn. 158, S. 6.

173 Human Rights Report, siehe Fn. 4.

174 Clarke, Feinermann, siehe Fn. 13, S. 147. Vgl.: Lawyers Committee, siehe Fn. 112, S. 69 f.

175 Domenach, siehe Fn. 5, S. 416.

176 Eppstein, siehe Fn. 158, S. 25–27.

177 Lawyers Committee, siehe Fn. 112, S. 67 f.

178 Eppstein, siehe Fn. 158, S. 8.

179 Amnesty, siehe Fn. 27, S. 39.

180 Lawyers Committee, siehe Fn. 112, S. 70, Anm. 264.

181 P.-A. Donnet, in Koch-Miramond, siehe Fn. 1, S. 105.

182 Eppstein, siehe Fn. 158, S. 41.

183 Eppstein, siehe Fn. 158, S. 43–53.

184 Lawyers Committee, siehe Fn. 112, S. 10.

185 Lawyers Committee, siehe Fn. 112, S. 69.

186 H. H. Wu, siehe Fn. 3, S. 7.

187 FR, 16.3.94.

188 China räumt Folterungen ein, FR, 23.3.1993.

189 Lawyers Committee, siehe Fn. 112, S. 16.

190 Sebastian Heilmann: China, der Westen und die Menschenrechte. In: China aktuell, Februar 1994, S. 147.

191 H. H. Wu, siehe Fn. 3, S. 8.

192 Lawyers Committee, siehe Fn. 112, S. 12.

193 Lawyers Committee, siehe Fn. 112, S. 12.

194 China aktuell, Juli 1995, S. 555.

195 Human Rights Report, siehe Fn. 4.

196 Eppstein, siehe Fn. 158, S. 16.

197 A. J. Nathan, S. 133.

198 Clarke, Feinermann, siehe Fn. 13, S. 131.

199 Lawyers Committee, siehe Fn. 112, S. 56 ff.

200 China aktuell, Juli 1995, S. 555.

201 Lawyers Committee, siehe Fn. 112, S. 18.

202 Lawyers Committee, siehe Fn. 112, S. 49 f.

203 Clarke, Feinermann, siehe Fn. 13, S. 148.

204 Robin Munro, The Beijing Trials: Secret Judicial Procedures
and the Exclusion of Foreign Observers. In: Pacific Basin Law
Journal, Vol. 10, 136, 1991, S. 139.

205 R. Munro, siehe Fn. 204, S. 137, Anm. 3.

206 CNA, siehe Fn. 59, S. 5.

207 F. Michael, siehe Fn. 14, S. 143 f.

208 Amnesty, siehe Fn. 27, S. 49.

209 Vorstehender Absatz folgt Timothy A. Gelatt: Lawyers in
China: The Past Decade and Beyond. In: Journal of Intern.
Law and Politics, Vol. 23, Spring 1993, S. 751–799.

210 Lawyers Committee, siehe Fn. 112, S. 26 ff.

211 Andrew Scobell: «Strung up or shot down?»: The death penalty in Hongkong and China and implications for post-1997. In: Case Western Reserve Journal of International Law, Vol. 20, No. 1, 1988, S. 147–167, hier S. 157.

212 Lawyers Committee, siehe Fn. 112, S. 42.

213 CNA, siehe Fn. 59, S. 4.

214 T. Gelatt, siehe Fn. 209, S. 762.

215 T. Gelatt, siehe Fn. 209, S. 777.

216 T. Gelatt, siehe Fn. 209, S. 799.

217 Human Rights Report, siehe Fn. 4.

218 H. H. Wu, siehe Fn. 3, S. 3.

219 Domenach, siehe Fn. 5, S. 461.

220 Michael Weisskopf: Ex-Inmate Recalls Life in China's Gulag. In: Washington Post, 12.2.1982, S. 1.

221 Fox Butterfield: Hundreds of Thousands Toil in Chinese Labor Camps. In: The New York Times, 3.1.1981.

222 Amnesty, siehe Fn. 27, S. 107.

223 Domenach, siehe Fn. 5, S. 392.

224 Verhandlungen, siehe Fn. 92, Drucksache 12/7116, S. 3.

225 Zahlenangaben nach: The Economist (Europaausgabe), 2.10.1993, S. 61.

226 Domenach, siehe Fn. 5, S. 347.

227 Human Rights Report, siehe Fn. 4.

228 China aktuell, 12, 1994, S. 12.

229 FR, 16.3.1994.

230 In China zwei Studentenführer in Haft. FR, 1./2.3.1993.

231 Zhongguo dalu yanjiu, 36, 7, 1993, S. 20f.

232 Human Rights Report, siehe Fn. 4.

233 Amnesty, siehe Fn. 27, S. 55.

234 Henrik Bork: Symbolisches als Erfolg verkauft, FR, 15.4.1994.

235 Human Rights Report, siehe Fn. 4.

236 Henrik Bork: China setzt Schikanen gegen Regimegegner fort. FR, 7.3.1994.

237 Verhandlungen, siehe Fn. 92, Drucksache 12/7991, S. 4.

238 Human Rights Report, siehe Fn. 4.

239 FR, 5.4.1994.

240 Human Rights Report, siehe Fn. 4.

241 Human Rights Report, siehe Fn. 4.

242 Siehe A. Scobell, Fn. 211, S. 156.

243 Siehe Harlan W. Jenks, Fn. 49, S. 18 ff.

244 China aktuell, Juli 1995, S. 598.

245 Harlan W. Jenks, Fn. 49, S. 24.

246 J. Chen, P. Deng, siehe Fn. 25, S. 89.

247 FR, 23.3.1993.

248 Human Rights Report, siehe Fn. 4.

249 Domenach, siehe Fn. 5, S. 34.

250 Amnesty, siehe Fn. 27, S. 96 f.

251 Arlette Laduquie: La Torture, Les Mauvais Traitements de Prisioniers et l'Utilisation de la Peine de Mort en Chine. In: Koch-Mirumond, siehe Fn. 1, S. 164.

252 FR, 16.4.1993.

253 Clarke, Feinermann, siehe Fn. 13, S. 146.

254 International Herald Tribune, 25.1.1983.

255 Lawyers Committee, siehe Fn. 112, S. 39.

256 Amnesty, siehe Fn. 27, S. 105.

257 Amnesty, siehe Fn. 27, S. 99 ff.

258 Der Spiegel 15/1994, S. 151.

259 Wei Li: The Security Service for Chinese Central Leaders. In: The China Quarterly, 1994, Nr. 143, S. 825.

260 Human Rights Report, siehe Fn. 4.

261 Human Rights Report, siehe Fn. 4.

262 Domenach, siehe Fn. 5, S. 377 f.

263 CNA, siehe Fn. 59, S. 7.

264 Lexikon, siehe Fn. 131, S. 467.

265 Domenach, siehe Fn. 5, S. 49.

266 Verhandlungen, siehe Fn. 92, Drucksache 12/7116, S. 3.

267 P.-A. Donnet, in Koch-Miramond, siehe Fn. 1, S. 105.

268 Domenach, siehe Fn. 5, S. 433, 435.

269 China aktuell, Feb. 1994, S. 125. Die Zahlenangabe findet sich auch in FR: Harte Vorwürfe gegen China, 20. 4. 93.

270 China's Secret Economy. In: The Economist (Europaausgabe), 2. 10. 1993, S. 61.

271 Verhandlungen, siehe Fn. 92, Parlamentsprotokolle, 12/131, S. 11 358.

272 Human Rights Report, siehe Fn. 4.

273 Peter Ziller. 30 Industriekapitäne künden des Lotsen Lob. FR, 2. 4. 1993.

274 Domenach, siehe Fn. 5, S. 352 f.

275 Domenach, siehe Fn. 5, S. 368 ff.

276 Die folgende Darstellung nach He Weimin, Liu Zhi: Lüelun Zhongguo laogai gongzuo tesede cengci jiegou (Kurze Abhandlung über die spezifische Verwaltungsstruktur der Arbeit in der Reform durch Arbeit in China). In: Faxue yanjiu (Juristische Forschungen) 1993, 4, Nr. 87, S. 61–64).

277 Domenach, siehe Fn. 5, S. 376.

278 Domenach, siehe Fn. 5, S. 348.

279 Domenach, siehe Fn. 5, S. 426.

280 Domenach, siehe Fn. 5, S. 426.

281 Domenach, siehe Fn. 5, S. 426.

282 Domenach, siehe Fn. 5, S. 426.

283 H. H. Wu, siehe Fn. 3, S. 66.

284 Human Rights Report, siehe Fn. 4.

285 Simon Leys nach Pater Laszlo Ladany, siehe Fn. 14, S. 10.

286 Siehe Information China, siehe Fn. 162, S. 429 (Übersetzung: Autor).

287 Atlas, siehe Fn. 146, 25/26 C 3.

288 FR, 13. 5. 1993.

289 M. Goldmann, siehe Fn. 29, S. 352 f.

290 FR, 31. 10. 1991.

291 Entretien avec Jean Pasqualini. In: Koch-Miramond, siehe Fn. 1, S. 115–124.

292 P.-A. Donnet, in Koch-Miramond, siehe Fn. 1, S. 105.

293 P.-A. Donnet, in Koch-Miramond, siehe Fn. 1, S. 109.

294 P.-A. Donnet, in Koch-Miramond, siehe Fn. 1, S. 109.

295 Amnesty, siehe Fn. 27, S. 116.

296 Amnesty, siehe Fn. 27, S. 115.

297 Amnesty, siehe Fn. 27, S. 116.

298 Die näheren Umstände der Folterungen siehe Amnesty, siehe
     Fn. 27, S. 112 f.

299 Jean Pasqualini, siehe Fn. 291, S. 118.

300 P.-A. Donnet in Koch-Miramond, siehe Fn. 1, S. 107.

301 Hugh Davies: China's Rugged Labour Camps Cleanse Minds.
     In: The Daily Telegraph, 29. 8. 1984, S. 5.

302 Istoe (Brasilianisches Wochenmagazin), 20. 7. 1994, nach
     Amnesty, siehe Fn. 27, S. 115.

303 Human Rights Report, siehe Fn. 4.

304 H. H. Wu, siehe Fn. 3, S. 8 ff.

305 Das Folgende nach H. Davies, siehe Fn. 301.

306 Domenach, siehe Fn. 5, S. 419.

307 Pierre-Antoine Donnet: Le Système Pénitentaire en Chine. In:
     Koch-Miramond, siehe Fn. 1, S. 105.

308 Lexikon, siehe Fn. 131, S. 464.

309 Chen Xuanling: Aperçu sur les prisons chinoises. In: L. Koch-
     Miramond: La Chine et les droits de l'homme, Paris 1991,
     S. 112–114.

310 Sheryl WuDunn in: The New York Times, 7. 6. 1990.

311 R. Cohen, siehe Fn. 6, S. 457.

312 Human Rights Report, siehe Fn. 4.

313 Domenach, siehe Fn. 5, S. 392.

314 Human Rights Report, siehe Fn. 4.

315 Amnesty, siehe Fn. 27, S. 59.

316 Amnesty, siehe Fn. 27, S. 114.

317 Amnesty, siehe Fn. 27, S. 117.

318 Marie Holzmann: Les Procès Politiques en Chine Après 1978,
     in: Koch-Miramond, siehe Fn. 1, S. 156.

319 Domenach, siehe Fn. 5, S. 479.

320 Chen, Fn. 309, hier S. 112.

321 P.-A. Donnet, in Koch-Miramond, siehe Fn. 1, S. 109.

322 Henrik Bork: Demokrat in China «lebendig begraben». FR, 31.3.94.

323 A. Laduguie, siehe Fn. 251, S. 165.

324 H. H. Wu, siehe Fn. 3, S. 144.

325 Domenach, siehe Fn. 5, S. 479.

326 Amnesty, siehe Fn. 27, S. 88.

327 Amnesty, siehe Fn. 27, S. 117.

328 Amnesty, siehe Fn. 27, S. 88.

329 Amnesty, siehe Fn. 27, S. 101.

330 Amnesty, siehe Fn. 27, S. 113.

331 Amnesty, siehe Fn. 27, S. 115.

332 Domenach, siehe Fn. 5, S. 419.

333 Siehe Fn. 6, S. 455.

334 Verhandlungen, siehe Fn. 92, 98. Sitzung, 24.6.1992, Karsten D. Voigt, S. 8192.

335 China aktuell, Mai 1994, S. 458.

336 The Economist, siehe Fn. 19.

337 Amnesty, siehe Fn. 27, S. 131.

338 FR, 14.4.1991.

339 Lawyers Committee, siehe Fn. 112, S. 82.

340 Robin Munro, siehe Fn. 204, S. 148 f.

341 China aktuell, August 1994, S. 782.

342 FR, 29.8.1994.

343 Amnesty, siehe Fn. 27, S. 147.

344 Der Spiegel 36/1994, S. 155.

345 J. Chen, P. Deng, siehe Fn. 25, S. 28.

346 Karl Grobe: Ein China-Syndrom, FR, 14.7.1995.

347 Verhandlungen, siehe Fn. 92, 65. Sitzung, 6.12.1991, Staatsminister Helmut Schäfer, S. 5573 B.

348 Verhandlungen, siehe Fn. 92, 128. Sitzung, 10.12.1992, Parlamentsprotokolle, S. 11 094.

349 Verhandlungen, siehe Fn. 92, Drucksache 12/1536.

350 Verhandlungen, siehe Fn. 92, 10.12.1992, 128. Sitzung, S. 11 125.

351 Ebenda, S. 11 124.

352 B. Bilder, siehe Fn. 40, S. 568.

353 Verhandlungen, siehe Fn. 92, 28. Sitzung, 6.6.1991, S. 2206 B/Anl.

354 Verhandlungen, siehe Fn. 92, 60. Sitzung, 27.11.1991, Dr. Eberhard Brecht (SPD), Parlamentsprotokolle, S. 5051.

355 Spranger verteidigt die deutsche China-Hilfe, FR, 13.11.1993.

356 Verhandlungen, siehe Fn. 92, 98. Sitzung, 24. Juni 1992, Parlamentsprotokolle, S. 8193 f.

357 Verhandlungen, siehe Fn. 92, 116. Sitzung, Parlamentsprotokolle, S. 9864.

358 Peter Ziller: Rexrodts sanfte Tour ins Reich der Mitte, FR, 30.3.1993.

359 Deutschland profitiert von Käufen der Dritten Welt, FR, 25. April 1996.

360 Harte Strafen für Regimekritiker, FR, 17.12.1994.

361 Der Spiegel, 36/1994, S. 155.

362 Kohl hofft auf China-Aufträge für sieben Millionen, FR, 18.11.1993.

363 Henrik Bork: Ein Handlungsreisender mit einem großen Sack für Milliarden, FR, 18.11.93.

364 China relativiert Kohls Aussagen, FR, 19.11.1993.

365 Verhandlungen, siehe Fn. 92, 213. Sitzung, 3.3.1994, Parlamentsprotokolle, S. 18 498.

366 Der Spiegel 36/1994, S. 155.

367 Verhandlungen, siehe Fn. 92, 195. Sitzung, 1.12.1993, Parlamentsprotokolle, S. 16 890.

368 FR, 13.5.1996. Vgl.: Amnesty, siehe Fn. 27, S. 190.

369 Dr. Wolfgang Ullmann, (Bündnis 90/Die Grünen), Verhandlungen, siehe Fn. 92, 194. Sitzung, 26.11.1993, S. 16 836 f.

370 B. Bilder, siehe Fn. 40, S. 570.

371 Eckhard Stengel: Bremer Senat trotzt Pekinger Protest, FR, 3.2.1996.

372 Harte Vorwürfe gegen China, FR, 20.4.1993.

373 Ferdos Forudastan: Chinas Justizminister mit ungewöhnlich harschen Worten gerügt, FR, 29.3.1994.

374 Henrik Bork: Symbolisches als Erfolg verkauft, FR, 15.4.1994.

375 China bei Menschenrechten taub, FR, 22.11.1993.

376 FR, 24.6.1996, Helmut Lölhöffel: Chinesische Führung lädt Klaus Kinkel aus.

377 FR, 26.6.96, China schmäht den Bundestag.

378 FR, 25.6.96, Industrie sieht keine Beziehungskrise.

379 FR, 26.6.96, Richard Meng: SPD plädiert für Reisen nach China.

380 Verhandlungen, siehe Fn. 92, 98. Sitzung, 24.6.1992, Parlamentsprotokolle, S. 8199.

381 Verhandlungen, siehe Fn. 92, Drucksache 12/6340.

382 Amnesty, siehe Fn. 27, S. 172–182.

383 B. Bilder, siehe Fn. 40, S. 578.

384 Wei Jingsheng, siehe Fn. 45, S. 126.

385 Verhandlungen, siehe Fn. 92, 82. Sitzung, 12.3.1992, Parlamentsprotokolle, 12/82, S. 6774.

386 Amnesty, siehe Fn. 27, S. 50.

387 Verhandlungen, siehe Fn. 92, Drucksache 12/3167, S. 4.

388 Lawyers Committee, siehe Fn. 112, S. 12.

389 Lawyers Committee, siehe Fn. 112, S. 31.

390 Amnesty, siehe Fn. 27, S. 51.

391 Human Rights Report, siehe Fn. 4.

392 Human Rights Report, siehe Fn. 4.

393 Lawyers Committee, siehe Fn. 112, S. 51.

394 A. Laduquie, siehe Fn. 251, S. 166.

395 Lawyers Committee, siehe Fn. 112, S. 40.

396 Amnesty, siehe Fn. 27, S. 43.

397 Human Rights Report, siehe Fn. 4.

398 Human Rights Report, siehe Fn. 4.

399 Fr, 30.4./1.5.1996.

400 Der Spiegel, 36/1994, S. 155.

401 Human Rights Report, siehe Fn. 4.

402 Amnesty, siehe Fn. 27, S. 52.

403 Amnesty, siehe Fn. 27, S. 51.

404 Amnesty, siehe Fn. 27, S. 115 f. Vgl. Human Rights Report, siehe Fn. 4.

405 Lawyers Committee, siehe Fn. 112, S. 18, Anm. 58.

406 Der Spiegel, siehe Fn. 75, S. 137.

407 Human Rights Report, siehe Fn. 4.

408 Antwort der Staatsministerin Ursula Seiler-Albring auf die Frage des Abgeordneten Dr. Klaus Völker (SPD), Verhandlungen, siehe Fn. 92, Parlamentsprotokolle, 12/43, S. 3606.

409 Der Spiegel, 5/1994, S. 116.

410 Human Rights Report, siehe Fn. 4.

411 A. Laduquie, siehe Fn. 251, S. 166 f.

412 Human Rights Report, siehe Fn. 4.

413 Amnesty, siehe Fn. 27, S. 63 f.

414 Lawyers Committee, siehe Fn. 112, S. 58.

415 Amnesty, siehe Fn. 27, S. 52.

416 M. Holzmann, siehe Fn. 318, S. 160.

417 Amnesty, siehe Fn. 27, S. 32, 35.

418 Amnesty, siehe Fn. 27, S. 78.

419 Amnesty, siehe Fn. 27, S. 72.

420 Human Rights Report, siehe Fn. 4.

421 Amnesty, siehe Fn. 27, S. 75.

422 Verhandlungen, siehe Fn. 92, Drucksache 12/5189, S. 3.

423 Amnesty, siehe Fn. 27, S. 73.

424 Amnesty, siehe Fn. 27, S. 73.

425 Verhandlungen, siehe Fn. 92, Drucksache 12/4434, S. 2.

Literatur

amnesty international: Volksrepublik China, Reformen ohne Menschenrechte – Staatliche Willkür in China, Bonn 1996.

Asia Watch (Human rights Watch/Asia): Detained in China and Tibet (Inhaftiert in China und Tibet), New York 1994 (detaillierte Angaben über 1700 Gefangene, bisher ausführlichste Darstellung der Repression in China).

Asia Watch: One more year of political repression. In: Asian Wall Street Journal, 19.11.1993.

Bilder, Richard B.: Rethinking International Human Rights: Some Basic Questions. In: Human Rights Journal, Vol. 2, 1967, S. 557–607.

Barmé, Geremie: A Word of Advice to the Politburo. Text by He Xin, translated, annotated and introduced by Geremie Barmé. In: The Australian Journal of Chinese Affairs, 23, 1990, S. 49–76.

Bodde, Derk; Morns, Clarence: Law in Imperial China: Exemplified by 190 Ch'ing Dynasty Cases. Philadelphia, University of Pennsylvania Press 1967.

China Spring, New York, 22, 2, 1994 (über Straflager).

Clarke, Donald C.; Feinermann, James V.: Antagonistic Contradictions: Criminal Law and Human Rights in China. In: The China Quarterly 141, 3, 1995.

Cohen, Roberta: People's Republic of China: the Human Rights Exception. In: Human Rights Quarterly, November 1987, S. 447–459.

Copper, John F.; Michael, Franz; Wu Yuan-li: Human Rights in Post-Mao China, London 1985.

Das, Naranarayan: China's quest for democracy. In: China Report (Delhi), April–Juni 1993, S. 113–124.

Ding Ding: Perspektiven der chinesischen Demokratisierung. In: Aus Politik und Zeitgeschichte, B 48/90, 23.11.1990, S. 3–17.

Domenach, Jean-Luc: Der vergessene Archipel. Gefängnisse und

Lager in der Volksrepublik China, Hamburg 1995 (Chine, l'archipel oublié, Paris 1992).

Donelly, Jack: Cultural Relativism and Universal Human Rights.
In: Human Rights Quarterly, Vol. 6, 1984, S. 400–419.

Dong, Yonghu: Fine traditions of human rights in Asia. In: Beijing
Review (Peking), 26, 1993, S. 11–12.

Edwards, R. Randle; Henkin, Louis; Nathan, Andrew J.: Human
Rights in Contemporary China, New York 1986.

Eppstein, Edward J.: Legal Documents and Materials on Admini-
strative Detention in the People's republic of China. In: Chinese
Law and Government, 27, Nr. 5, September–Oktober 1994,
S. 5–96.

Ermacora, Felix; Benedek, Wolfgang: Bericht der österreichischen
Rechtsexpertendelegation über ihren Besuch in China/Tibet im
Juli 1992. In: Verfassung und Recht in Übersee, 1, 1993,
S. 22–48.

Fang Lizhi: The Chinese Amnesia. In: The New York Review of
Books, 27. 9. 1990.

Fischer, Per: Perspektiven für China. In: Außenpolitik 47, 1, 1996,
S. 82–89.

–: Der Westen, China und die Menschenrechte. In: Newsletter
Frauen und China, hrsg. v. Ostasiatischen Seminar der FU Berlin
und dem Institut für Sinologie der Humboldt-Universität, Nr. 8,
März 1995.

Frankfurter Allgemeine Zeitung (FAZ):
– 13. 11. 92 (zur Zahl der Gefangenen),
– 8. 12. 93 (Interview mit Wei Jingsheng),
– 6. 5. 1994 (Todesurteile).

Gelatt, T.: The Bounds of Free Expression. In: Asian Wall Street
Journal, 18. 12. 1979.

Gelatt, Timothy A.: Lawyers in China: The Past Decade and Beyond. In: Journal of International Law and Politics, Vol. 23,
Spring 1993, S. 751–799.

Goldmann, Merle: Sowing the Seeds of Democracy in China, Cambridge, Mass., und London 1994.

Gransow, Bettina und Li Hanlin: Chinas neue Werte. Einstellungen zur Modernisierung und Reformpolitik, München 1995.

Heilmann, Sebastian: Die Menschenrechtsfrage und die westliche China-Politik. In: Europa-Archiv 19, 1994, S. 553–559.

Hernandez, Carolina G.: ASEAN perspectives on Human Rights and Democracy in International Relations: Problems and Prospects. Arbeitspapiere für das Symposium der Konrad Adenauer-Stiftung, St. Augustin 15.–17. 5. 1995.

Herrmann-Pillath, Carsten: Struktur und Prozeß in der chinesischen Wirtschaftspolitik, oder: Warum ist China doch anders? In: Aus Politik und Zeitgeschichte, B 48/90, 23.11.1990, S. 18–30.

How to Ascertain Whether Speech is a Criminal Act. In: China daily, 4. 8. 1982.

Industrie und Handelstag, 7. 2. 1994 (über Straflager).

Intellectuals call for democratic rule of law. In: Inside China Mainland, Februar 1993, S. 20–24.

Jenks, Harian W.: Civil-Military Relations In China: Tiananmen and After. In: Problems of Communism, Vol. XL, May–June 1991, S. 14–19, hier S. 14.

Jie Chen, Peng Deng: China Since the Cultural Revolution. From Totalitarisnism to Authoritarianism. Westport 1995, S. 67.

Journal of Chinese Law (Zhongguo fa yanjiu xuekan, Center for Chinese Legal Studies, Columbia University School of Law, New York).

Kaminski, Gerd: China und die Menschenrechte. In: China Report, Nr. 115–116, 1992, S. 21–31.

Kaye, Lincoln: Window Dressing. In: Far Eastern Economic Review, 2. 3. 1993, S. 13.

Kent, Ann: Between Freedom and Subsistence. China and Human Rights, Oxford, Hongkong 1993.

Koch-Miramond, Lydie: La Chine et les droits de l'homme, Paris 1991.

Kong, Jiesheng: Banishment and Exile: New Tactics for Dealing with Dissidents. In: China Focus, 1, 2, 30. 3. 1993.

Kristof, Nicholas D.: Little Whispers, the Big Lie and China's Future. In: New York Times, 13.11.1990.

–: The Rise of China. In: Foreign Affairs, 72, 5, 1993, S. 59–74.

Lee, Wei-chin: Read My Lips or Watch My Feet: The State and Chinese Dissident Intellectuals. In: Issues and Studies, Vol. 28, Nr. 5, Mai 1992, S. 29–48.

Leys, Simon: The Art of Interpreting Nonexistent Inscriptions Written in Invisible Ink on a Blank Page. In: The New York Review of Books, Vol. XXXVII, No. 15, October 11, 1990, S. 10–13.

Link, Perry: The Chinese Intellectuals and the Revolt. In: The New York Review of Books, Vol. XXXVI, No. 11, June 29, 1989.

Liu, Huaqiu: Proposals for human rights, protection and promotion. In: Beijing Review (Peking), 26, 1993, S. 8–11.

Lo, Carlos Wing-Hung: Trials of dissidents of the 1989 democracy movement: the limits of criminal justice under Teng Hsiao-p'ing. In: Issues and Studies, 12, 1992, S. 23–45.

Ma Shu-Yun: The Exit, Voice, and Struggle to Return of Chinese Political Exiles. In: Pacific Affairs, Vol. 66, Nr. 3, S. 368–385.

Martin, Helmut; Schilling, Ines-Susanne (Hrsg.): Stimmen der Opposition. Chinesische Intellektuelle der achtziger Jahre. Bochum 1995.

Michel, Detlef: Stereotype antikommunistischer Ideologie über die Volksrepublik China. In: Dietmar Albrecht (Hrsg.), China 1972, S. 144–162.

Munro, Robin: The Beijing Trials: Secret Judicial Procedures and the Exclusion of Foreign Observers. In: Pacific Basin Law Journal, Vol. 10, 136, 1991.

Nathan, Andrew J.: Sources of Chinese Rights Thinking. In: Edwards, R. Randle; Henkin, Louis; Nathan, Andrew J.: Human Rights in Contemporary China, New York 1986.

Opitz, Peter J.: Die Außenpolitik Chinas zu Beginn der neunziger Jahre. In: Aus Politik und Zeitgeschichte, B 48/90, 23.11.1990, S. 31–46.

Panikkar, Raimundo: Is the Notion of Human Rights a Western Concept? In: Diogenes 120, 1982, S. 75–102.

Political reform and the rule of law. In: Inside China Mainland, Januar 1993, S. 3–6.

Potter, Pitman B.: Administrative Litigation and Political Rights in China. In: Human Rights in China, 3, 3, 1992, S. 4–7.

Presseamt des Staatsrats der Volksrepublik China: Menschenrechte in China. In: Beijing Rundschau, 1991, 44, S. 8–49.

Sagel-Grande: Die Strafaussetzung zur Bewährung im Rahmen des Sanktionssystems der Volksrepublik China. In: Recht in Ost und West 1991.

Scobell, Andrew: «Strung up or shot down?»: The Death penalty in Hongkong and China and implications for post-1997. In: Case Western Reserve Journal of International Law (Cleveland, Ohio), 1988, 20, 1, S. 147–167.

–: The Death Penalty in Post-Mao China. In: China Quarterly, Nr. 123, September 1990, S. 503–520.

Shue, Vievienne: China: Transition Postponed? In: Problems of Communism, Vol. XLI, Jan–Apr. 1992, S. 157–168.

Sprenkel, Sybille van der: Legal Institutions in Manchu China, A sociological Analysis, University of London, London Athlone press 1962.

Stanzel, Volker: Der Umbruch des Sozialismus in China. In: Außenpolitik, IV, 1994, S. 364–373.

The Economist:
– 2.10.93 (zur Zahl der Gefangenen),
– 5.2.94 (zum Bericht des US-Außenministeriums zur Menschenrechtslage),
– 2.10.93 (zu Straflagern).

Tomala, Karin: Zur Entwicklung der Menschenrechtsfrage in China. In: Das Parlament, Nr. 51, 17.12.1993.

Tseng, Ho-jen: Peasant, state, and democracy: the Chinese case. In: Issues and Studies, April 1993, S. 34–50.

U. S. Department of State: Human Rights Report 1995, China Human Rights Practices, 1995.

Vorholz, Fritz: Monopoly in Mao-Land. In: Die Zeit, Nr. 10, 4.3.1994, S. 35.

Wang, Huaxing: Getting the government's ear. In: China Today (Peking), Oktober 1993, S. 16–17.

Whyte, Martin King: Prospects for Democratization in China. In: Problems of Communism, Vol. XLI, May–June 1992, S. 58–70.

Wong, Yong-tsu: The fate of liberalism in revolutionary China: Chu Anping and his circle, 1946–1950. In: Modern China, Nr. 10, 1993, S. 457–490.

Wren, Christopher S.: China Moves to Resurrect a Credible Legal System. In: New York Times, 5.12.1982, S. A1, A22.

Wei Jingsheng: Mein Leben für die Demokratie, hrsg. von Shan Shan Wei-Blank, Urban Hsü, Thomas Weyrauch und der Redaktion der Zeitschrift «Geist der Freiheit», Reinbek 1995.

Westhoff, Jörn: Der Strafprozeß in der Volksrepublik China und die Rechte des Angeklagten. In: Recht in Ost und West 39, 1995, S. 13–22.

Wu, Harry Hongda: Laogai: The Chinese Gulag, Boulder 1992.

–: Bitter Winds: A memoir of my years in China's gulag, New York 1994.

Zakaria, Fareed: Culture is Destiny. A Conversation with Lee Kuan Yew. In: Foreign Affairs, March/April 1994, S. 109–126.

Zhang, Daogen: Public Opinion calls for establishment of democratic system. In: Inside China Mainland, März 1993, S. 17–20.

Zhou, Qingchang: Western views on human rights opposed. In: Beijing Review (Peking), 27, 1993, S. 8–9.

Zhou, Xiaofa: The prison life of Liu Gang. In: Beijing Review (Peking), 34, 1993, S. 11–15.

Chinesische Literatur

Chu Huaizhi: The concept structure and function of the criminal policies. In: Faxue yanjiu (Peking), 3, 1993, S. 52–58.

Duan Liwen: On the concept of criminal consequences in Chinese criminal law. In: Faxue yanjiu (Peking), 6, 1992, S. 67–72.

He Weimin, Liu Zhi: Lüelun Zhongguo laogai gongzuo tesede cengci jiegou (kurze Abhandlung über die spezifische Verwaltungsstruktur der Arbeit in der Reform durch Arbeit in China). In: Faxue yanjiu (Juristische Forschungen) 1993, 4, Nr. 87, S. 61–64.

Liu Seng-chi: A review of Peking's policy on the fate of the imprisoned 1989 democratic activists (chinesisch). In: Mainland China Studies (Taipei), Juli 1993, S. 16–29.

Liu Xiaobo: Zongguo dangdai zhishi fenzi yu zhengzhi. (Die modernen Intellektuellen Chinas und die Politik). In: Zheng Ming, Oktober 1990, S. 56–58, fortgesetzt in Zheng Ming Dezember 1990, S. 73–75.

Zeng Zhongnu: Mao Zedong yu renquan wenti (Mao Zedong und die Menschenrechtsfrage). In: Zhonggong dangshi yanjiu (Studien zur Geschichte der KPCh), Peking, 1993, Nr. 2.

Zhongguo xingfa cidian (Lexikon des chinesischen Strafrechts), Shanghai 1989.

Personenregister

«An der Grenze hielten sie mich an. Sie sagten, sie wollen meinen Ausweis. Ich sagte: Mein Ausweis ist in Jaffa, meine Großmutter hält ihn versteckt. Als sie meine Worte hörten, teilten sie sich. Die einen nahmen die Peitsche, und die anderen fragten mich: Wohin? Ich sagte: Nach Palästina. Da rissen sie mich in zwei Hälften. Die eine blieb an der Grenze, die andere wurde von den Armen der Großmutter umschlungen.»
Lied von Marcel Khalife

Gisela Frese-Weghöft
Ein Leben in der Unsichtbarkeit
Frauen im Jemen
(rororo aktuell 5645)

Susan George
Sie sterben an unserem Geld
Die Verschuldung der Dritten Welt
(aktuell 12316)

Freidoune Sahebjam
«Ich habe keine Tränen mehr»
Iran: Die Geschichte des Kindersoldaten Reza Behrouzi
(rororo aktuell 12139)

Ken Saro-Wiwa
Flammen der Hölle *Nigeria und Shell: Der schmutzige Krieg gegen die Ogoni*
(rororo aktuell 13970)
Ken Saro-Wiwa wurde im November 1995 in Nigeria gehengt. Dies ist das letzte Buch des Schriftstellers, Bürgerrechtlers und Umweltschützers, der 1994 mit dem Alternativen Nobelpreis ausgezeichnet wurde.

Hermann Schulz
Nicaragua *Eine amerikanische Vision*
(rororo aktuell 15254)

Rainald Simon
Der chinesische Gulag *Lager, Gefängnisse, staatliche Repression und politische Opposition*
(rororo aktuell 13799)
China ist derzeit die politisch aggressivste Großmacht. Neuerdings nach außen – immer schon im Inneren. Dieser Band versammelt alle verfügbaren Informationen über das größte Gefängnis- und Lagersystem der Welt.

Wei Jingsheng: Mein Leben für die Demokratie
Herausgegeben von Shan Shan Wei-Blank, Urban Hsü, Thomas Weyrauch u. a.
(rororo aktuell 13941)
Dieser Band enthält die wichtigsten Texte Wei Jingshengs, er zeichnet die Lebensgeschichte des Dissidenten nach und informiert über die Menschenrechtssituation in China.

«Der Weiße kam und hatte die Bibel in der einen Hand, das Gewehr in der anderen, und er gab dem Schwarzen die Bibel und nahm ihm sein Land. Und er lehrte den Schwarzen:"Wenn ich, dein Herr, dich auf die eine Wange schlage, dann halte auch die andere hin; denn deinen Frieden wirst du erleben in der anderen, jenseitigen Welt." Der Weiße freut sich an diesem Himmel hier in der Gegenwart, uns aber will er einreden, daß unser Teil an diesem Himmel, an diesem Land, im Jenseits läge. Aber wir wollen keine spirituelle Teilhabe an unserem Land. Wir wollen dieses Land, das wir aufgebaut haben, hier und jetzt.»
Winnie Mandela

Reimer Gronemeyer (Hg.)
Der faule Neger *Vom weißen Kreuzzug gegen den schwarzen Müßiggang*
(rororo aktuell 13071)
«Making the lazy nigger work»: Zwangsarbeit, Arbeitshäuser, die Erziehung zu Ordnung, Pünktlichkeit und Gehorsam - das waren die Imperative des «Evangeliums der Arbeit», in dessen Namen die Schwarzen im 19. Jahrhundert «zivilisiert» werden sollten. - Dieses Buch ist nicht nur eine paradigmatische Fallstudie vom Scheitern der Arbeitsgesellschaft in Afrika, sondern es deckt auch die Spuren gewalttätiger Zerstörungen auf dem Wege der Verinnerlichung der Arbeitsgesellschaft bei uns auf. Der Band ist ausgestattet mit zahlreichen Fotos.

Mary Benson
Nelson Mandela - die Hoffung Südafrikas
(rororo aktuell 5887)
Mary Benson, geboren in Pretoria, interviewte Mandela im Untergrund und berichtete 1964 dem UNO-Ausschuß über Apartheid und über die Angeklagten im Rivonia-Prozeß.

Desmond Tutu
"Gott segne Afrika" *Texte und Predigten des Friedensnobelpreisträgers*
(rororo aktuell 5626)

Ein Gesamtverzeichnis der Reihe rororo aktuell finden Sie in der Rowohlt Revue. Jedes Vierteljahr neu. Kostenlos in Ihrer Buchhandlung

Dirk Brouër, Herbert Trimbach u.a.
Offene Vermögensfragen – ein Ratgeber *Der Streit um Häuser, Datschen und Grundstücke: Zur veränderten Rechtslage in den neuen Ländern*
(rororo aktuell 13672)

Daniela Dahn
Wir bleiben hier oder Wem gehört der Osten *Vom Kampf um Häuser und Wohnungen in den neuen Bundesländern*
(rororo aktuell 13423)

Götz Eisenberg/Reimer Gronemeyer
Jugend und Gewalt *Der neue Generationenkonflikt oder Der Zerfall der zivilen Gesellschaft*
(rororo aktuell 13352)

Walter Hanesch u.a.
Armut in Deutschland *Der Armutsbericht des DGB und des Paritätischen Wohlfahrtsverbandes*
(rororo aktuell 13420)

Hans-Günter Heiden (Hg.)
«Niemand darf wegen seiner Behinderung benachteiligt werden» *Grundrecht und Alltag – eine Bestandsaufnahme*
(rororo aktuell 13937)
Im neuen Grundgesetz des vereinigten Deutschland sind die Rechte Behinderter ausdrücklich berücksichtigt. Wie aber sieht die Wirklichkeit aus – und wie könnte sie aussehen? In präzisen und informativen Übersichtsartikeln gehen die Autoren und Autorinnen des Bandes dieser Frage nach.

aktuell

HANS-GÜNTER HEIDEN (HG.)
«Niemand darf wegen seiner
Behinderung
benachteiligt werden»
Grundrecht und Alltag – eine Bestandsaufnahme

rororo

Gerda Maibach
Polizisten und Gewalt *Innenansichten aus dem Polizeialltag*
(rororo aktuell 13938)
In diesem Band geben Polizisten selbst Einblicke in ihre Lebenswelt. Sie berichten von Gewalt, die sie ausüben oder deren Zeugen sie wurden, von der Unfähigkeit, damit umzugehen, von katastrophalen Ausbildungsbedingungen, alltäglicher Angst und zunehmender Verantwortungsscheu ihrer Vorgesetzten.

H. Rosenberg/M. Steiner
Paragraphenkinder *Erfahrungen mit Pflege- und Adoptivkindern*
(rororo aktuell 12989)

Burkhard Schröder
Heroin *Sucht ohne Ausweg? Ein Aufklärungsbuch*
(rororo aktuell 13276)

Bernd Wagner (Hg.)
Handbuch Rechtsextremismus *Netzwerke, Parteien, Organisationen, Ideologiezentren, Medien*
(rororo aktuell 13425)

«Ob eine Intervention der internationalen Gemeinschaft friedensschaffend sein könnte, hängt von vielen Faktoren ab. Einer davon, nämlich: ob so etwas wie eine internationale Gemeinschaft überhaupt existiert, bleibt meistens undiskutiert. Die Abwesenheit einer solchen Gemeinschaft ist aber die bittere Erfahrung der Einwohner des ehemaligen Jugoslawien.»
Zarko Puhovski

Slavenka Drakulić
Sterben in Kroatien *Vom Krieg mitten in Europa*
(rororo aktuell 13220)
In Europa herrscht Krieg - und niemand sieht hin. Wie werden zivilisierte Europäer zu glühenden Nationalisten? Was treibt die Jugend des zerfallenen Jugoslawiens dazu, den Krieg ihrer Großväter erneut zu führen? Was muß in einem Menschen sterben, damit er den Tod anderer will?

Wolfgang Eichwede (Hg.)
Der Schirinowski- Effekt *Wohin treibt Rußland?*
(rororo aktuell 13563)

Sonja Margolina
Rußland: Die nichtzivile Gesellschaft
(aktuell Essay 13424)

Peter Nádas / Richard Swartz
Zwiesprache *Vier Tage im Jahr 1989*
(aktuell Essay 13277)

Erich Rathfelder (Hg.)
Krieg auf dem Balkan *Die europäische Verantwortung*
(rororo aktuell 13279)
Der Krieg auf dem Balkan hat ein dramatisches Ausmaß angenommen. Dieses Buch zeichnet den Konflikt, seine Ursachen und seine Entstehungsgeschichte nach und fragt nach der Verantwortung der Deutschen, der Europäer und der internationalen Staatengemeinschaft für die Gegenwart und Zukunft auf dem Balkan, auch nach ihrer Mitverantwortung für die Entstehung des gegenwärtigen Krieges.

Ein Gesamtverzeichnis der Reihe *rororo aktuell* finden Sie in der *Rowohlt Revue*. Jedes Vierteljahr neu. Kostenlos in Ihrer Buchhandlung.

Johannes Beck
Der Bildungswahn
(aktuell Essay 13421)
«Bildungsnotstand» – dieser
populäre und vielzitierte
Begriff führt in die Irre, so-
fern er die Aufmerksamkeit
lediglich auf die anachro-
nistisch gewordenen «Lern-
vollzugsanstalten» bündelt.
Zu diagnostizieren ist vielmehr ein moralischer Not-
stand unserer Gesellschaft.
Die immer wieder beklagte
Bildungskrise ist in Wahrheit
eine Art Bildungswahn: Die
totalitär gewordene Päd-
agogisierung sämtlicher
Lebensverhältnisse.

Alain Finkielkraut
Die Niederlage des Denkens
(aktuell Essay 12413)

Antonia Grunenberg
**Antifaschismus – ein deutscher
Mythos**
(aktuell Essay 13179)
In unserem Jahrhundert der
Ideologien war Antifaschis-
mus eine der bewegendsten
politisch-ideologischen
Kräfte. Für viele bleibt er das
einzige Erbe der jüngeren
Geschichte, das zählt. Doch
dieses Erbe ist ein Mythos.
Die Geschichte des Antifa-
schismus ist von totalitären
Visionen, Denkblockaden,
Gewalt und beschädigten
Helden geprägt. Eine
demokratische Kultur muß
sich diesem Mythos stellen.

Gunter Hofmann
Willy Brandt – *Porträt eines
Aufklärers aus
Deutschland*
(aktuell Essay 12503)

Sonja Margolina

Essay

**Rußland:
Die nicht-zivile
Gesellschaft**

rororo

Walter Janka
**Schwierigkeiten mit der
Wahrheit**
(aktuell Essay 12731)

Joachim Kahl
Das Elend des Christentums
Erweiterte Neuausgabe
(aktuell Essay 13278)

Sonja Margolina
**Rußland: Die nichtzivile
Gesellschaft**
(aktuell Essay 13424)

Peter Nádas/Richard Swartz
Zwiesprache *Vier Tage im
Jahr 1989*
(aktuell Essay 13277)
Von ungewohnter Brüder-
lichkeit zeugt dieses Zwiege-
spräch, das eine Fülle über-
raschender Einsichten er-
öffnet.

Bahman Nirumand
Leben mit den Deutschen *Briefe
an Leila*
(aktuell Essay 12404)